A BIBLIOTECA COMO LUGAR DE APRENDIZAGEM

BERNADETE CAMPELLO

A BIBLIOTECA COMO LUGAR DE APRENDIZAGEM

autêntica

Copyright © 2024 Bernadete Campello
Copyright desta edição © 2024 Autêntica Editora

Todos os direitos reservados pela Autêntica Editora. Nenhuma parte desta publicação poderá ser reproduzida, seja por meios mecânicos, eletrônicos, seja via cópia xerográfica, sem a autorização prévia da Editora.

EDITORAS RESPONSÁVEIS
Rejane Dias
Cecília Martins

CAPA
Alberto Bittencourt
(Sobre foto de Adobe Stock)

REVISÃO
Mariana Faria

DIAGRAMAÇÃO
Waldênia Alvarenga

Dados Internacionais de Catalogação na Publicação (CIP)
(Câmara Brasileira do Livro, SP, Brasil)

Campello, Bernadete
  A biblioteca como lugar de aprendizagem / Bernadete Campello. -- 1. ed. -- Belo Horizonte, MG : Autêntica Editora, 2024.

  Bibliografia.
  ISBN 978-65-5928-411-5

  1. Aprendizagem 2. Bibliotecas escolares 3. Educação 4. Leitores - Formação I. Título.

24-200365 CDD-370.7

Índices para catálogo sistemático:
1. Biblioteca escolar : Educação 370.7

Eliane de Freitas Leite - Bibliotecária - CRB 8/8415

Belo Horizonte
Rua Carlos Turner, 420
Silveira . 31140-520
Belo Horizonte . MG
Tel.: (55 31) 3465 4500

São Paulo
Av. Paulista, 2.073 . Conjunto Nacional
Horsa I . Sala 309 . Bela Vista
01311-940 . São Paulo . SP
Tel.: (55 11) 3034 4468

www.grupoautentica.com.br
SAC: atendimentoleitor@grupoautentica.com.br

Apresentação   9

Parte i
A biblioteca como espaço de aprendizagem   13

    Capítulo 1 – Habilidades informacionais:
       o que são?   15

    Capítulo 2 – Habilidades informacionais:
       como ensiná-las   23

    Capítulo 3 – A competência informacional
       na perspectiva da Base Nacional Comum
       Curricular (BNCC)   29

    Capítulo 4 – O processo de pesquisa e
       produção de conhecimento   35

    Capítulo 5 – Estratégias para orientar o
       processo de pesquisa   43

    Capítulo 6 – Estratégias para mobilizar
       habilidades de pesquisa   51

    Capítulo 7 – A Wikipédia como fonte
       de informação para pesquisa   57

    Capítulo 8 – Colaboração professor/bibliotecário:
       base para a aprendizagem na biblioteca   63

Capítulo 9 – Habilidades informacionais na
educação infantil   69

Capítulo 10 – A construção do papel educativo
do bibliotecário   75

Capítulo 11 – Leitura: que papel cabe à
biblioteca escolar?   79

Capítulo 12 – Motivação para ler   85

Capítulo 13 – Avaliando a aprendizagem de
habilidades informacionais   93

Capítulo 14 – Avaliando a formação do leitor   101

Capítulo 15 – As múltiplas dimensões da
biblioteca escolar   105

PARTE 2
A gestão da biblioteca escolar   113

Capítulo 16 – Perspectivas da biblioteca escolar
no Brasil   115

Capítulo 17 – Redes de bibliotecas escolares   123

Capítulo 18 – Parâmetros para bibliotecas
escolares   129

Capítulo 19 – Espaço físico da biblioteca   135

Capítulo 20 – Possibilidades de expansão
da biblioteca escolar além do espaço físico   141

Capítulo 21 – Limpeza da biblioteca escolar   147

Capítulo 22 – A formação e o desenvolvimento
da coleção   153

Capítulo 23 – A internet como parte da coleção   161

Capítulo 24 – *Best-sellers*: como lidar com a
literatura de entretenimento?   167

Capítulo 25 – **Temas polêmicos e a biblioteca escolar**   173

Capítulo 26 – **Organização da coleção da biblioteca escolar**   179

Capítulo 27 – **Tecnologia na biblioteca escolar: 1ª parte**   187

Capítulo 28 – **Tecnologia na biblioteca escolar: 2ª parte**   195

Capítulo 29 – **Por uma concepção de biblioteca escolar**   205

Apresentação

Este livro teve origem em uma série de vídeos realizada em 2019, produzida pela Praxis Softwares Gerenciais e coordenada pela bibliotecária Carla Floriana Martins.

Realizamos trinta vídeos dirigidos principalmente a bibliotecários e estudantes de Biblioteconomia, mas que podem ser úteis para outros profissionais, como professores, auxiliares de biblioteca, responsáveis por bibliotecas, gestores escolares, enfim, qualquer educador que tenha interesse em compreender a biblioteca escolar como um recurso de aprendizagem que pode melhorar a qualidade da educação.

O livro acompanha a estrutura da série de vídeos, que aborda diversas questões e traça um panorama abrangente da biblioteconomia escolar.

Mas por que estudar a biblioteca escolar? Penso que há vários motivos: o primeiro deles é que percebo que há um desconhecimento, uma falta de compreensão do que realmente seja uma biblioteca escolar. Na maioria das escolas, a biblioteca é depósito de livros, lugar de castigo, espaço para guardar equipamentos ou material a ser descartado. Com este livro, eu gostaria de mudar o foco e apresentar a biblioteca escolar como um lugar de aprendizagem, revelando suas possibilidades como espaço onde os alunos possam aprender para além da sala de aula.

O Plano Nacional de Educação (Brasil, 2014), que determina diretrizes, metas e estratégias para a política educacional brasileira no período de 2014 a 2024, inclui a biblioteca em duas perspectivas: na primeira, apresenta-a como recurso para melhorar a qualidade da educação, e, na segunda, reforça a necessidade de criar condições para que todas as escolas brasileiras possuam biblioteca. Na verdade, isso diz respeito à Lei n.º 12.244/2010 (Brasil, 2010) que trata da universalização das bibliotecas nas escolas de ensino básico no país e propõe que cada escola tenha sua biblioteca. A Lei n.º 14.837/2024 (Brasil, 2024) altera a Lei n.º 12.244, modificando a definição de biblioteca e criando o Sistema Nacional de Bibliotecas Escolares (SNBE). Então, essa preocupação com a institucionalização da biblioteca na escola é um motivo forte para conhecermos melhor esse espaço.

Outro motivo para estudar a biblioteca escolar é que existem evidências científicas do seu impacto positivo na aprendizagem dos estudantes. Inúmeros estudos, em vários países do mundo, têm mostrado que uma boa biblioteca influencia positivamente a aprendizagem dos alunos (Campello, 2012). O que é uma boa biblioteca? É aquela com uma coleção adequada aos objetivos da escola, um bibliotecário em tempo integral – o qual desenvolve atividades com os alunos –, conexão de internet e espaço físico agradável, ou seja, uma biblioteca que, de fato, possa funcionar como lugar de aprendizagem.

No Brasil, um estudo abrangente do Instituto Pró-Livro (IPL) buscou correlacionar a situação das bibliotecas (se são abertas, se propõem atividades extracurriculares, se possuem um acervo diversificado etc.) com os resultados do Sistema de Avaliação da Educação Básica (Saeb) e do Índice de Desenvolvimento da Educação Básica (Ideb)

(Instituto, 2019). Um dos resultados mostrou que as bibliotecas têm um impacto mais relevante em escolas socialmente vulneráveis, apontando para a importância do investimento em bibliotecas de escolas de comunidades com menos acesso a recursos culturais.

Esta obra está dividida em duas partes. Na primeira, pretendo tratar das possibilidades de integrar a biblioteca escolar ao currículo, apresentando-a como um espaço de aprendizagem. Na verdade, essa concepção da biblioteca como espaço de aprendizagem é que vai embasar todo o conteúdo do livro.

Na segunda parte, abordo a gestão da biblioteca escolar, tratando de diversos aspectos que necessitam da atenção dos administradores para esse espaço. Essas duas partes estão separadas apenas para efeito didático e seus conteúdos se integram. O embasamento teórico, isto é, a biblioteca escolar como espaço de aprendizagem, estará sempre amparando as questões de gestão da biblioteca.

Entendo que é preciso concretizar melhor essa ideia; entender com mais precisão o que os estudantes aprenderão na biblioteca. Assim, ao longo deste livro, apresento temas que buscam concretizar essa concepção, mostrando o que os alunos podem aprender na biblioteca e maneiras de torná-la um lugar de aprendizagem.

Esclareço que não tenho pretensão de esgotar os temas aqui tratados, razão pela qual são incluídas em todos os capítulos as referências dos textos que menciono.

Agradeço à bibliotecária Carla Floriana Martins pelo incentivo e apoio para a realização deste trabalho.

Boa leitura.
Bernadete Campello
Abril de 2024.

Referências

Brasil. Lei n.º 12.244, de 24 de maio de 2010. Dispõe sobre a universalização das bibliotecas nas instituições de ensino do País. Disponível em: http://www.planalto.gov.br/ccivil_03/_ato2007-2010/2010/lei/l12244.htm. Acesso em: 25 mar. 2024.

Brasil. Lei n.º 14.837, de 08 de abril 2024. Altera a Lei n.º 12.244, de 24 de maio de 2010, que "dispõe sobre a universalização das bibliotecas nas instituições de ensino do País", para modificar a definição de biblioteca escolar e criar o Sistema Nacional de Bibliotecas Escolares (SNBE). Brasília, 2024. Disponível em: file:///C:/Users/Bernadete/Dropbox/bernadete%202024/projeto%20livro%20v%C3%ADdeo/Lei%2014837.html. Acesso em: 12 abr. 2024.

Brasil. Ministério da Educação; Secretaria de Articulação com os Sistemas de Ensino. *Planejando a próxima década*: conhecendo as 20 metas do Plano Nacional de Educação. Brasília, 2014. Disponível em: https://pne.mec.gov.br/images/pdf/pne_conhecendo_20_metas.pdf. Acesso em: 25 mar. 2024.

Campello, Bernadete. Como a biblioteca ajuda na aprendizagem dos estudantes. *In*: Campello, Bernadete. *Biblioteca escolar*: conhecimentos que sustentam a prática. Belo Horizonte: Autêntica, 2012. p. 19-33.

Instituto Pró-Livro. *Retratos da leitura em bibliotecas escolares*. São Paulo, 2019. Disponível em: https://www.prolivro.org.br/wp-content/uploads/2020/07/apresentac%CC%A7a%CC%83oparapublicar2019.pdf. Acesso em: 25 mar. 2024.

Parte 1
**A BIBLIOTECA COMO
ESPAÇO DE APRENDIZAGEM**

Capítulo 1
Habilidades informacionais: o que são?

Quando afirmo que a biblioteca é um espaço de aprendizagem, quero abandonar a ideia da biblioteca como amontoado de livros, lugar de castigo ou depósito de materiais indesejados na escola. E mostrá-la como espaço onde os alunos vão aprender. Vocês podem pensar: "mas é claro que a biblioteca é um lugar de aprender". De fato, os alunos vão à biblioteca para ler, para melhorar sua leitura, para fazer trabalhos solicitados pelos professores, para realizar pesquisas; e aprendem.

Entretanto é uma aprendizagem ainda pouco clara para a comunidade escolar. Eu gostaria de mostrar que os alunos podem aprender algo mais na biblioteca e, para isso, é preciso entender o conceito de competência informacional.

A competência informacional pode ser definida, resumidamente, como um conjunto de habilidades de localizar, selecionar e usar informações. São habilidades importantes porque são elas que possibilitarão ao aluno aprender com independência, autonomia, e continuar aprendendo ao longo da vida. Na Biblioteconomia, esse conceito tem sido bastante estudado. Na área de Educação, ele é mencionado, não com essa terminologia, mas pode-se perceber que há, por parte dos educadores, preocupação com esse tipo de habilidade. Os Parâmetros Curriculares Nacionais (PCN), antigos referenciais para a elaboração dos currículos das escolas de ensino básico no Brasil desde o fim da década de 1990, atualmente substituídos pela Base Nacional Comum Curricular (BNCC) (Brasil, 2018), já incluíam a ideia de habilidade informacional, embora não usando essa terminologia (Campello, 2006). A BNCC reforça a necessidade da competência no uso da informação, reconhecendo claramente a importância das habilidades informacionais para aprender. (O Capítulo 3 deste livro estuda a competência informacional na perspectiva da BNCC.)

O problema é que a escola não consegue integrar o ensino dessas habilidades ao currículo. Não leva os alunos a aprender as habilidades informacionais de maneira planejada, sistemática. A aprendizagem, quando ocorre, acontece intuitivamente: alguns alunos aprendem; a maioria não. Eles passam pelo ensino básico sem mobilizar essas competências, e os que chegam ao ensino superior não são capazes de explorar uma boa biblioteca, não sabem lidar com a riqueza do universo informacional disponível nas bibliotecas universitárias, não sabem fazer pesquisa.

Pode-se perceber que a escola não se preocupa com o ensino regular, sistemático das habilidades informacionais quando observamos a maneira como os professores solicitam uma pesquisa escolar, que é a estratégia que dá oportunidade de o aluno usar informação além do livro didático. Geralmente é o professor que define o tema – um tópico do programa da disciplina que é, quase sempre, um assunto amplo. Ele determina se o trabalho deve ser feito em grupo ou individualmente, define o produto, o qual pode ser um texto escrito ou uma apresentação oral, e fixa o prazo para a entrega do trabalho. A partir daí, os alunos estão soltos, desamparados. Na introdução de sua tese de doutorado, a professora Ivete Pieruccini descreve, de maneira sensível, a situação frequente:

> [...] escolares, com caderno e lápis na mão, vagando à procura de "algum livro que *fale* sobre tal assunto", que atenda ao pedido da professora "que me mandou fazer uma pesquisa...", completamente perdidos, desamparados, sem saber por onde começar, o que e como procurar. Sua expressão é quase sempre de perplexidade, enfado ou medo, quando não de recusa diante das intermináveis prateleiras cheias de livros, organizadas de modo incompreensível, aos que não possuem as "senhas" de acesso aos mistérios dos conhecimentos ali armazenados (Pieruccini, 2014, p. 1, grifo da autora).

Pais mais preocupados costumam ajudar os filhos, alguns até demais. Na escola, não há acompanhamento nem orientação para que o processo seja um momento para os alunos aprenderem o conteúdo que o professor deseja e, ao mesmo tempo, oportunidade para os estudantes mobilizarem e aprenderem habilidades informacionais. Para que um aluno faça uma boa pesquisa, que não seja apenas um "copiar e colar", mas que, de fato, leve a uma aprendizagem significativa, são necessárias inúmeras habilidades.

Por exemplo, o aluno precisa saber delimitar o tema, fazer o que chamamos "recorte" de pesquisa, porque em geral o tema que o professor define é muito amplo, muito extenso, e o trabalho pode ficar no mínimo superficial. Então, é preciso definir melhor o foco do trabalho. O aluno precisa saber usar a biblioteca, entender a organização da biblioteca que vai usar a fim de explorar melhor seus recursos. Isso também acontece com o uso da internet. Ele tem que entender o funcionamento da rede, saber realizar uma busca competente, e não apenas jogar qualquer termo no Google, usar as três primeiras referências que aparecem e copiar e colar trechos dos textos. Atualmente, com a divulgação ampla dos *chatbots*, os alunos precisam estar preparados para o uso competente e ético dessas ferramentas.

Além disso, ele tem que desenvolver habilidades críticas e analíticas, como saber ler, interpretar, tirar conclusões, ligar informações de várias fontes. Precisa saber parafrasear, isto é, colocar as ideias do autor com suas próprias palavras, entender que não pode simplesmente copiar as palavras do autor, estar ciente de que deve citar as fontes que usou, entender o conceito de plágio.

O estudante tem que conhecer a estrutura de um trabalho, a ordem lógica dos assuntos incluídos, as normas de apresentação de um trabalho acadêmico. E tem que saber fazer uma apresentação oral, se for o caso. Todas essas habilidades podem ser mobilizadas e aprendidas ao longo do processo de pesquisa, juntamente com os conteúdos curriculares. O que proponho é que a biblioteca participe desse processo, que colabore com o professor no ensino das habilidades informacionais.

A Biblioteconomia sempre teve preocupação com a qualidade do processo de pesquisa. Em 1973, duas bibliotecárias, apresentando um trabalho em um congresso de Biblioteconomia, escreveram:

> As bibliotecas são órgãos vivos e dinamizadores do estudo. Tendo lado a lado o professor e o bibliotecário. Empolgados numa luta comum por uma orientação eficiente do educando, não só pelos

mais recentes métodos pedagógicos nas matérias curriculares, mas também e acima de tudo no uso dos recursos da biblioteca. A fim de habilitar o aluno gradativamente a fazer suas próprias pesquisas com segurança e desenvoltura (Bejes; Dias, 1973, p. 292).

Observa-se nesse texto alguns aspectos importantes da pesquisa escolar: a ideia de um trabalho colaborativo do professor com o bibliotecário, do uso de fontes variadas e de que as habilidades de pesquisa sejam aprendidas gradativamente. Percebe-se uma empolgação, um entusiasmo das autoras que revela o desejo do bibliotecário de participar do processo de formação do aluno que seja um pesquisador, que saiba pesquisar, que aprenda com a pesquisa.

Na Biblioteconomia, há estudos que ajudam a compreender melhor o processo. Inúmeros pesquisadores trabalham com a ideia de compreender como os alunos aprendem usando informação, como aprendem na biblioteca, como aprendem ao fazer trabalhos de pesquisa de forma autônoma e independente. E esses estudos mostram pontos importantes. Primeiro, que o ensino de habilidades informacionais não pode se dar de maneira isolada, apenas na biblioteca. Precisa ser um trabalho conjunto do professor com o bibliotecário; tem que estar integrado ao trabalho do professor. Por exemplo, não adianta o bibliotecário querer ensinar o uso da Wikipédia como uma fonte de informação, se isso não está integrado a uma disciplina, a um trabalho do professor. Isoladamente, o bibliotecário não pode fazer muita coisa. (O Capítulo 8 deste livro trata da colaboração professor-bibliotecário.)

As pesquisas na Biblioteconomia mostraram também que o ensino das habilidades informacionais deve ser sequencial. O aluno tem que dominar, desde que chega à escola, habilidades mais simples. Ao longo de sua escolarização, vai adquirindo e mobilizando habilidades mais complexas.

Acreditamos que, reunindo as competências do professor e do bibliotecário, será viável realizar um processo de maior qualidade, que leve a uma aprendizagem significativa e prepare o aluno para pesquisar, para ser um pesquisador.

Vocês devem estar se perguntando: "Como vamos concretizar o ensino das habilidades informacionais na escola?" "Como vamos integrar as habilidades informacionais ao currículo escolar?" "Como vamos trabalhar em conjunto com o professor?".

Na Biblioteconomia, a proposta é concretizar essa ideia com o que chamamos *programa de biblioteca*, uma metodologia que pode ajudar a aprimorar o trabalho do professor com o bibliotecário e levar a escola a integrar formalmente essas habilidades ao currículo.

No próximo capítulo iremos apresentar uma metodologia para a concretização de um programa de biblioteca.

Referências

Bejes, Nylzamira C.; Dias, Marly S. Orientação de pesquisa bibliográfica sistematizada em bibliotecas escolares. *In*: Congresso Brasileiro de Biblioteconomia e Documentação, 7., 1973, Belém. *Anais...* Belém: IBICT, 1973. p. 292-297.

Brasil. Ministério da Educação. *Base Nacional Comum Curricular*. Brasília: Secretaria de Educação Básica, 2018. Disponível em: http://basenacionalcomum.mec.gov.br/abase/. Acesso em: 25 mar. 2024.

Campello, Bernadete. Possibilities for implementation of information literacy programs in Brazilian school libraries: information skills in the National Curricular Standards. *In*: Annual Conference of The

International Association of School Librarianship, 2006, Lisboa. *IASL Reports*. Lisboa: International Association of School Librarianship, 2006. Disponível em: https://journals.library.ualberta.ca/slw/index.php/iasl/article/view/7909/4765. Acesso em: 25 mar. 2024.

Pieruccini, Ivete. *A ordem informacional dialógica*: estudo sobre a busca de informação em educação. 2004. Tese (Doutorado em Ciência da Informação e Documentação) – Escola de Comunicações e Artes, Universidade de São Paulo, São Paulo, 2004. Disponível em: https://teses.usp.br/teses/disponiveis/27/27143/tde-14032005-144512/publico/Bancotesesusp.pdf. Acesso em: 8 maio 2024.

Capítulo 2
Habilidades informacionais: como ensiná-las

No capítulo anterior, mostrei a dificuldade que a escola tem para integrar o ensino das habilidades informacionais às atividades do professor e, em última instância, incluí-las no currículo, dando formalidade ao processo. Essa formalização faria com que a escola trabalhasse o ensino dessas aprendizagens de forma planejada, sequencial, a fim de que os alunos tivessem, ao longo de sua escolarização, experiências com as diferentes habilidades informacionais e chegassem ao final sabendo usar informações, sabendo pesquisar.

Essa questão sempre nos incomodou: no Grupo de Estudos em Biblioteca Escolar (Gebe), entendíamos que o bibliotecário e a biblioteca deveriam participar desse processo. Num primeiro momento, pensamos em desenvolver uma metodologia que ajudasse a escola e o professor a integrar as habilidades informacionais nos conteúdos curriculares.

Em 1998, o Gebe promoveu um evento, o I Seminário Biblioteca Escolar Espaço de Ação Pedagógica, ocasião em que a professora norte-americana Carol Kuhlthau proferiu a palestra principal (Kuhlthau, 1999). Nessa época, Carol Kuhlthau já era uma pesquisadora conceituada, diretora de um centro de pesquisa em biblioteca escolar na Rutgers University, nos Estados Unidos, o Center for International Scholarship in School Libraries (CISSL). Nas conversas com a professora, soubemos que ela, antes de ser pesquisadora, tinha sido bibliotecária em uma escola de ensino fundamental. E durante a época em que esteve nessa escola, como bibliotecária, desenvolveu e publicou uma metodologia – o que chamamos *programa de biblioteca* – que possibilitava integrar as habilidades informacionais ao currículo. Ficamos muito interessados nesse trabalho, porque entendíamos que a pesquisa escolar, para ser realizada de forma adequada, dependia de inúmeras habilidades que deveriam ser desenvolvidas desde o início da escolarização e de forma sequencial. O aluno começaria aprendendo habilidades mais simples no início da escolarização, prosseguindo até o final com habilidades mais complexas.

Então, percebendo que o trabalho de Carol Kuhlthau combinava com nossas ideias, desistimos de elaborar nossa metodologia e decidimos traduzir e adaptar o livro. A autora autorizou prontamente a tradução para o português, que foi realizada pelos membros do Gebe. O livro foi publicado pela editora Autêntica, em 2002, com o título *Como usar a biblioteca na escola: um programa de atividades para o ensino fundamental* e até hoje é mantido no catálogo (Kuhlthau, 2002).

A metodologia proposta concretiza o ensino das habilidades informacionais, apresentando sugestões de atividades adequadas para ensinar cada uma delas. No livro, Carol Kuhlthau, além de definir e detalhar as habilidades informacionais propriamente ditas (localizar, selecionar e usar informações), amplia seu escopo incluindo diversas atividades com leitura, as quais ela considera uma meta-habilidade, ou seja, uma habilidade que sustenta a aprendizagem de outras habilidades. Assim, o livro propõe muitas atividades de leitura, reforçando a ideia de que as habilidades informacionais não são aprendidas isoladamente, mas constituem um componente do letramento.

O livro detalha as habilidades a serem aprendidas e, para cada uma, propõe uma atividade para orientar o mediador. É um trabalho minucioso: para cada habilidade que se quer desenvolver, é indicada sua duração, a preparação, o material necessário, além de instruções precisas e claras de como a atividade pode ser desenvolvida, complementada e acompanhada.

Considero que o ponto forte da metodologia é a apresentação clara das habilidades que se quer desenvolver. Isso é fundamental para permitir o trabalho conjunto do bibliotecário com o professor. Havendo clareza no que vai ser ensinado, professores e bibliotecários podem planejar melhor seu trabalho, definindo quem será responsável por cada passo.

O livro é dividido em etapas, em faixas etárias. A primeira faixa etária vai dos 4 aos 6 anos, ou seja, é aquela fase em que a criança ainda não sabe decodificar o texto, embora ela já possa ser considerada leitor. Nessa fase, as atividades propostas giram principalmente em torno da leitura de livros, da contação de histórias e de habilidades simples para usar a biblioteca: saber onde ficam os livros preferidos, saber cuidar do livro que levou para casa, entender que a biblioteca é um espaço coletivo e, portanto, os livros precisam ser cuidados e devolvidos no prazo certo. As crianças são levadas nessa idade a saber seguir a rotina do empréstimo, além de terem contato frequente com os livros da biblioteca.

A segunda etapa é para alunos de 7 a 10 anos, ou seja, correspondendo aos quatro primeiros anos do ensino fundamental. Nessa parte, a leitura também tem um lugar especial, mas os estudantes aprenderão também uma série de habilidades de pesquisa e de uso de fontes, tais como enciclopédias, dicionários, além de diferentes gêneros literários. Assim, ao longo desse período, elas aprenderão a usar recursos informacionais, melhorando suas habilidades de leitura, com ajuda do bibliotecário e dos professores. É uma fase muito rica, com uma grande quantidade de atividades para dar apoio à criança para aprender, por exemplo, a parafrasear as ideias de um autor, a contar uma história com suas próprias palavras, a interpretar informações de livros informativos. Elas mergulham no universo informacional e aprendem habilidades que poderão contribuir para o seu letramento informacional.

A terceira etapa do livro aborda as idades de 11 a 14 anos. É uma fase em que os alunos continuam lendo bastante, tendo oportunidade de aprender outros gêneros literários, de dominar habilidades mais sofisticadas de usar informação, de fazer uma busca competente. Já são preparados para usar os recursos informacionais de maneira independente, para que possam aprender de forma autônoma, e, assim, continuar a aprender ao longo da vida.

As atividades que Carol Kuhlthau recomenda não são rígidas, permitindo que o bibliotecário e o professor possam analisar se determinada atividade é adequada para a faixa etária com a qual estão trabalhando e adaptá-la às necessidades e ao desenvolvimento de seus alunos.

Algo que nos agradou na metodologia de Carol Kuhlthau, e que nos estimulou a fazer a tradução e adaptação, foi o embasamento teórico que a sustenta. A metodologia tem como base as ideias de Jean Piaget e de outros autores construtivistas conhecidos no Brasil. Percebe-se que há um embasamento sólido para as atividades, que são recomendadas para se adequar a cada faixa etária, ao nível de desenvolvimento da criança. Por exemplo, na primeira etapa, para as crianças pequenas, há muitas brincadeiras, além da preocupação para que as atividades tenham uma perspectiva lúdica, pois, nessa faixa etária, a criança não tem ainda capacidade de atenção longa. Nesse caso, são atividades mais rápidas. Alunos da primeira fase do ensino fundamental, de 7 a 10 anos, gostam de competição, então as atividades são desenvolvidas por meio de jogos em que os alunos competem. Há, portanto, uma preocupação em respeitar o desenvolvimento do aluno nessa etapa.

Embora continue sendo publicado sem alterações desde 2002, considero que *Como usar a biblioteca na escola* ainda seja útil. É claro que algumas atividades foram superadas e outras precisem ser acrescentadas, mas a ideia central da metodologia se mantém.

Uma publicação que pode ajudar nessa atualização é o referencial *Aprender com a biblioteca escolar* (Portugal, 2017), da Rede de Bibliotecas Escolares de Portugal, que inclui as novas mídias e que pode ser útil no incremento das atividades.

Outra atualização necessária é a inclusão de atividades para ensinar a usar *chatbots*, que poderão influenciar a aprendizagem e, especialmente, a maneira de buscar e usar informações.

No próximo capítulo, eu gostaria de explorar como a BNCC se posiciona com relação ao ensino de habilidades informacionais.

Referências

Kuhlthau, Carol. *Como usar a biblioteca na escola*: um programa de atividades para o ensino fundamental. Tradução e adaptação de Bernadete Campello e outros. Belo Horizonte: Autêntica, 2002.

Kuhlthau, Carol. O papel da biblioteca escolar no processo de aprendizagem. *In*: Vianna, Márcia M.; Campello, Bernadete; Moura, Victor H. V. *Biblioteca escolar*: espaço de ação pedagógica. Belo Horizonte: EB; UFMG, 1999. p. 9-14. Seminário promovido pela Escola de Biblioteconomia da Universidade Federal de Minas Gerais e Associação dos Bibliotecários de Minas Gerais, Belo Horizonte, 1998. Disponível em: http://gebe.eci.ufmg.br/downloads/103.pdf. Acesso em: 25 abr. 2024.

Portugal. Rede de Bibliotecas Escolares. *Aprender com a biblioteca escolar*: referencial de aprendizagens associadas ao trabalho das bibliotecas escolares na Educação Pré-escolar e nos ensinos básico e secundário. 2. ed. rev. e aumen. Lisboa, 2017. Disponível em: https://www.rbe.mec.pt/np4/%7B$clientServletPath%7D/?newsId=99&fileName=referencial_2017.pdf. Acesso em: 25 mar. 2024.

Capítulo 3

A competência informacional na perspectiva da Base Nacional Comum Curricular (BNCC)

No capítulo anterior, tratei do conceito de competência informacional e da responsabilidade do bibliotecário no ensino de tais habilidades, buscando mostrar que esse profissional tem um papel pedagógico e reforçando a ideia da biblioteca como espaço de aprendizagem.

Na Biblioteconomia, o conceito de "competência informacional" ou "letramento informacional" tem sido bastante estudado. Agora, a questão que se levanta é se na área de Educação, entre educadores e formuladores de políticas educacionais, há preocupação com a competência informacional. A BNCC pode ajudar a responder à questão.

Esse documento menciona um número significativo de habilidades informacionais. A preocupação com esse tipo de aprendizagem na BNCC tem duas vertentes ou perspectivas. Primeiro, no sentido de que os alunos valorizem o conhecimento registrado presente nas bibliotecas e em outras instituições depositárias. Essa vertente pode ser visualizada na primeira competência geral da BNCC, a qual diz que os alunos devem "valorizar e utilizar os conhecimentos historicamente construídos sobre o mundo físico, social, cultural e digital para entender e explicar a realidade, continuar aprendendo e colaborar para a construção de uma sociedade justa, democrática e inclusiva" (Brasil, 2018, p. 9).

Outra perspectiva é a de que os alunos têm que aprender a pensar como pesquisadores. Essa ideia é apresentada com muita clareza na segunda competência geral da BNCC, a qual diz que os alunos têm que aprender a

> [...] exercitar a curiosidade intelectual e recorrer à abordagem própria das ciências, incluindo a investigação, a reflexão, a análise crítica, a imaginação e a criatividade, para investigar causas, elaborar e testar hipóteses, formular e resolver problemas e criar soluções (inclusive tecnológicas) com base nos conhecimentos das diferentes áreas (Brasil, 2018, p. 9).

Aqui, percebe-se a preocupação de que o aluno adquira capacidade de pesquisar, de buscar e usar informações de forma autônoma, de forma crítica, para resolver problemas e encontrar soluções.

Na BNCC, as habilidades informacionais estão presentes em todas as etapas do ensino, desde a educação infantil até o ensino médio. Por exemplo, na educação infantil as crianças devem aprender a identificar e selecionar fontes de informação para responder a questões sobre a natureza, seus fenômenos, sua conservação (Brasil, 2018, p. 51).

Nos anos iniciais do ensino fundamental, espera-se que os alunos planejem, com a ajuda do professor, o texto a ser produzido, pesquisando em meios impressos ou digitais, sempre que for preciso, informações necessárias à produção do texto, organizando em tópicos os dados e as fontes pesquisadas (Brasil, 2018, p. 95). Percebe-se a importância que é dada ao texto lógico, organizado, coerente.

Nos anos finais do ensino fundamental, é importante, segundo a BNCC, fortalecer a autonomia dos adolescentes oferecendo-lhes condições e ferramentas para acessar e interagir criticamente com diferentes conhecimentos e fontes de informação (Brasil, 2018, p. 60). Fica clara a preocupação de que o aluno seja um usuário crítico de informações e saiba escolher as melhores informações, as mais adequadas.

No ensino médio, no campo da prática de estudos e pesquisa, a BNCC propõe que se fomente "a curiosidade intelectual e o desenvolvimento de uma autonomia de estudo e de pensamento" (Brasil, 2018, p. 515), por meio do desenvolvimento de habilidades relacionadas ao recorte de questões de pesquisa, coleta de dados/busca de informações, tratamento de dados e informações e socialização do conhecimento produzido, ações típicas do pesquisador, que o aluno precisa aprender a dominar durante sua escolarização.

Conclui-se que a BNCC se preocupa em formar um aluno que seja um leitor crítico, que aprenda com autonomia, continuamente, que seja responsável no uso da informação, principalmente a informação digital, que saiba compartilhar informações e conhecimentos. Para isso, ele precisa aprender a lidar com informações que estão cada vez mais disponíveis, em maior quantidade e complexidade.

Coerentemente, a BNCC propõe uma aprendizagem pela pesquisa, uma aprendizagem autônoma em que o aluno constrói seu conhecimento, o que Pedro Demo chama *pesquisa como princípio educativo* (Demo, 2005, p. 94).

Como já foi dito, na Biblioteconomia essa questão sempre esteve presente. Em um congresso da área realizado em 1967, a bibliotecária Denise Fernandes Tavares apresentou um trabalho que diz:

[...] para o aprendizado dinâmico e eficiente torna-se necessário que o aluno leia vários livros e pesquise, colha opiniões de diversos autores adquirindo assim um conhecimento amplo e completo do que estuda. A curiosidade é estimulada. Nessa pesquisa a inteligência e o raciocínio se desenvolverão (Tavares, 1967).

Denise Fernandes Tavares, bibliotecária de Salvador, pioneira na Biblioteconomia infantil e na Biblioteconomia escolar no Brasil, usando palavras singelas, palavras simples – eu diria até um pouco ingênuas, pouco alinhadas com a terminologia, com o discurso dos educadores – conseguiu mostrar a importância da biblioteca no ensino pela pesquisa. Hoje, os bibliotecários não devem utilizar um vocabulário simples, ingênuo; é preciso buscar a terminologia alinhada com o discurso da Educação e encontrar elementos comuns que facilitem o diálogo com educadores, professores, gestores, orientadores educacionais, toda a comunidade educacional.

Conhecer a BNCC, especialmente o foco que o documento tem nas habilidades informacionais, pode abrir possibilidade de diálogo, permitindo a contribuição do bibliotecário no ensino dessas habilidades. Acredito que a BNCC contenha elementos que constituem uma base sólida para estimular e reforçar o papel educativo do bibliotecário, e mostrar que ele tem espaço para colaborar na aprendizagem, para estar presente na escola, ajudando no desenvolvimento das habilidades informacionais propostas no documento. Reforço, portanto, a importância de conhecer a BNCC, de buscar nesse documento a inspiração para o fazer pedagógico do bibliotecário.

Espero que tenha ficado clara a relação entre competência informacional e aprendizagem pela pesquisa, ou seja, que as habilidades informacionais se desenvolvem e se consolidam durante o processo de pesquisa. Aulas expositivas oferecem pouca oportunidade de exercitar habilidades informacionais, ao passo que, ao realizar a pesquisa com orientação, o aluno vai mergulhar no processo informacional e terá oportunidade de aprender inúmeras habilidades relacionadas ao uso da informação. Os mediadores precisam, portanto, conhecer o processo para orientá-lo adequadamente.

Nos próximos capítulos, abordarei esse tema, lançando mão de vários estudos da Biblioteconomia, que poderão sustentar a prática dos mediadores como orientadores da pesquisa escolar.

Referências

Brasil. Ministério da Educação. *Base Nacional Comum Curricular*. Brasília: Secretaria de Educação Básica, 2018. Disponível em: http://basenacionalcomum.mec.gov.br/abase/. Acesso em: 25 mar. 2024.

Demo, Pedro. *Saber pensar*. 4. ed. São Paulo: Cortez; Instituto Paulo Freire, 2005.

Tavares, Denise F. A biblioteca escolar. *In*: Congresso Brasileiro de Biblioteconomia e Documentação, 5., 1967, São Paulo. [*Trabalhos apresentados*]. São Paulo: INL, 1967.

Capítulo 4

O processo de pesquisa e produção de conhecimento

No capítulo anterior, vimos que a BNCC recomenda a formação de um aluno com perfil de pesquisador, ou seja, que tenha curiosidade, reflita sobre seu conhecimento, critique, analise e chegue a conclusões. Enfim, um aluno que aprenda de forma autônoma, buscando informações.

Essa aprendizagem ocorre quando são dadas ao aluno oportunidades de realizar o processo de pesquisa. O processo precisa ser aprendido com orientação, pois essa aprendizagem não ocorre naturalmente. Já vimos que não basta o professor simplesmente apresentar um tema para o aluno e encaminhá-lo para a biblioteca ou para o acesso à internet.

Na Biblioteconomia, esse processo tem sido estudado e é suficientemente conhecido como uma aprendizagem que tem que ser mediada, orientada (Oliveira; Campello, 2016). Como esse processo ocorre? No âmbito do Gebe, realizamos estudos para entender o processo de pesquisa, para saber como os alunos brasileiros se comportavam quando passavam por esse processo (Duarte; Campello, 2015; Campello *et al.*, 2010; Campello; Abreu, 2005), que, no ensino básico, é a pesquisa escolar.

Também traduzimos o livro da professora Carol Kuhlthau, *Como orientar a pesquisa escolar: estratégias para o processo de aprendizagem* (Kuhlthau, 2010), em que é apresentada uma metodologia para a orientação da pesquisa escolar. Além disso, pesquisadores do Gebe orientaram vários alunos de graduação e pós-graduação em estudos acadêmicos sobre o tema.

Então posso compartilhar algumas experiências e garantir que o processo de pesquisa precisa ser acompanhado. Mesmo no curso superior, nos níveis de graduação, especialização, mestrado e doutorado, os alunos têm orientação formal para a realização de suas monografias, trabalhos de conclusão de curso, dissertações e teses. Portanto, no ensino básico, não deve ser diferente. É mais importante que haja essa orientação para a aprendizagem de habilidades de pesquisa no início da escolarização, a fim de que os alunos possam adquirir habilidades cada vez mais sofisticadas de pesquisa.

Um estudo com alunos de segundo ano do ensino médio de uma escola na periferia de Belo Horizonte (Campello *et al.*, 2010) foi realizado com base em entrevistas e questionários com os alunos que tinham passado pelo processo de pesquisa. Era uma pesquisa sobre *evolução da ciência*, feita com orientação de três professores de diferentes disciplinas e com a participação da bibliotecária da escola. O processo começou com a leitura coletiva de um livro sobre o tema *história da ciência*. A partir disso, os alunos escolheriam temas específicos para pesquisar em grupo. Foram divididos dez grupos de quatro alunos.

Inicialmente, percebemos que diversos fatores motivaram os alunos na escolha dos temas específicos. Um deles foi o interesse que o tema despertou. Como disse um integrante do grupo que escolheu o assunto *modelos atômicos*: "seria muito interessante, pois aprenderíamos sobre a bomba atômica".[1] A curiosidade, que está relacionada ao interesse, também foi mencionada como motivação para a escolha do tema por um aluno do grupo que pesquisou o assunto *escrita*: "a gente mesmo tinha curiosidade. Como é que a gente chegou nesse ponto da escrita, né? Aí me deu curiosidade".

A atualidade e originalidade do tema foi o fator que motivou a escolha do grupo que estudou o assunto *evolução*. Na entrevista, um membro desse grupo disse: "escolhemos evolução, porque é uma coisa da atualidade e tudo. Aí tem clone hoje. A gente queria fazer uma coisa diferente".

A questão da originalidade do tema ficou clara na escolha do grupo de *conservação de alimentos*: "A gente tava pesquisando coisas inovadoras que quase ninguém tinha pensado sabe, que nem engenharia, engenharia genética da agricultura, né, aí a gente foi, deram sugestão pra gente... Porque é um tema que quase ninguém pensa em se aprofundar, né, e é um tema que tá 'crescido' ultimamente. Que a gente tá precisando de muitos produtos para conservar os alimentos, entendeu?". Com isso, eles viram uma possibilidade de aprender algo novo, diferente, que ninguém tinha pensado.

Outro fator motivador foi a familiaridade com o tema, como mostrou um membro do grupo de *revolução industrial*, que explicitou sua escolha dizendo: "nós já tínhamos uma noção sobre o que era revolução industrial. As influências

---

[1] As falas dos alunos constam no artigo "Aprendizagem pela pesquisa: busca e uso de informações na produção do conhecimento", em que é feito o relato completo da pesquisa (Campello *et al.*, 2010).

no mundo de hoje. Isso foi um dos motivos da escolha do tema. Era um assunto que todos do grupo sabiam".

A estratégia para iniciar o trabalho, que foi a leitura coletiva, não se mostrou eficaz. Percebemos nas entrevistas (feitas alguns dias após o término da pesquisa) que alguns alunos nem se lembravam mais dela. Um membro do grupo sobre *comunicação* chegou a criticar a estratégia e sugeriu que uma discussão sobre o tema *história da ciência* poderia ter sido mais esclarecedora do que a leitura. De fato, uma discussão, mediada pelo professor, sem o estresse provocado em alguns alunos pela leitura em voz alta, seria mais adequada para levantar questionamentos e possibilitar perceber a familiaridade, os conhecimentos anteriores dos alunos sobre os temas passíveis de serem escolhidos pelos grupos. Um *brainstorm*, ou tempestade de ideias, que permitisse que o tema fosse explorado coletivamente, que expusesse o assunto de forma desafiadora, seria o ideal como estratégia para a introdução da tarefa. A leitura coletiva pareceu não ter tido o efeito desejado, pois foi esquecida rapidamente.

O estudo revelou que os alunos não tiveram oportunidade de explorar informações e fazer o que Carol Kuhlthau chama *definir o foco*. Seria o que denominamos *delimitação do tema* ou *recorte da pesquisa*. Os alunos foram diretamente para a biblioteca e começaram a pesquisar os temas que tinham escolhido dentro do guarda-chuva *história da ciência*. Os assuntos que escolheram se mostraram muito amplos, o que constituiu um problema, desde a fase de coleta de informações até a elaboração do texto. O depoimento de um dos membros do grupo, que pesquisou o assunto *evolução*, mostrou com clareza essa amplitude e a dificuldade que tiveram para lidar com a questão. Ele disse: "...a gente falou assim, evolução, tá. Mas dentro disso tem várias outras coisas, vários outros temas, o que a gente vai fazer? Aí foi essa dificuldade. O que a gente colocava dentro disso? Por que tem vários outros, né?". Esse aluno explicou que percebia que precisava haver um recorte, mas, como não teve oportunidade de explicitar isso para os mediadores, o grupo teve dificuldades durante todo o processo.

Apenas um grupo conseguiu fazer o recorte ou *definição do foco*: o que escolheu o assunto *alimentos*. Antes de começar a pesquisa, os alunos perceberam a amplitude do assunto. Um dos membros explicou como resolveram o problema: "A gente fala alimento, mas não tinha o tópico escolhido. Aí ela, a bibliotecária, foi e nos ajudou. Falou que poderia ser a conservação de alimentos". Nesse caso, houve ajuda para a definição do foco, para o recorte ou delimitação do tema. Não foi uma intervenção proposital, mas pontual. O grupo demandou ajuda, e a bibliotecária, que estava orientando a busca de informações, percebeu a dificuldade dos alunos com relação à amplitude do assunto e sugeriu *conservação de alimentos*. Essa orientação para a definição do foco ocorreu com apenas um grupo, e não constituiu uma estratégia que tenha beneficiado os outros grupos, que lutaram com a questão da amplitude do tema até o fim do trabalho.

O grupo que pesquisou *eletricidade*, um tema amplo, explicitou claramente na entrevista as dificuldades que enfrentou na fase inicial de busca de informações, como revelou um dos membros: "Aí pegou. Cada livro falava um negócio, falava sobre eletricidade primeiro, depois botava fonte de energia, depois botava o que acontecia, o processo de energia, a fonte de energia". Essa fala mostrou a falta de uma estrutura de tópicos que funcionasse como guia para a busca de informações, a qual, posteriormente, poderia se tornar um roteiro para a elaboração do texto, que foi o produto solicitado ao final da pesquisa.

O grupo de *mapas* também apresentou dificuldades, principalmente na produção do texto. Por acaso, explicitaram essa dificuldade para a bibliotecária. E ela ajudou, mostrando que deviam começar com a definição de *mapa* e depois ir organizando o texto de forma lógica. Também aqui, da mesma forma como aconteceu com o grupo de *alimentos*, houve uma ajuda pontual da bibliotecária, que não beneficiou os grupos como um todo.

No estudo, o papel da bibliotecária foi observado em detalhes. Ficou evidente que ela atuou formalmente em dois aspectos: primeiro na orientação da busca de informações e do uso de fontes na biblioteca e, segundo, no ensino de como organizar o texto do trabalho final. Ela ensinou como elaborar um texto acadêmico, que deveria incluir a introdução, os tópicos em ordem lógica, o sumário, a folha de rosto, a capa e as referências bibliográficas. Ensinou também a elaborar referências, o que constituiu um ponto forte nos trabalhos: percebeu-se, pelo exame dos textos, que os alunos usaram fontes variadas e fizeram referências corretas, de acordo com as normas da Associação Brasileira de Normas Técnicas (ABNT).

Houve, portanto, dois níveis de atuação da bibliotecária: o nível formal, quando ela orientava na busca e no uso de fontes e quando dava aulas (pois havia um horário específico para ensinar os alunos a elaboração do trabalho final). Já o nível casual, de atuação pontual, ocorreu quando ela ajudou o grupo de *alimentos* na delimitação do tema e o grupo de *mapas*, na estruturação do conteúdo do trabalho, a partir da solicitação desses alunos. Percebemos que a bibliotecária não ousou ir muito além das tarefas formais definidas no planejamento do projeto. Ela interferiu pouco em questões que envolviam o conteúdo do trabalho, que é tradicionalmente a esfera do professor. Também não ousou demonstrar seu conhecimento para ajudar os alunos na escolha e delimitação do tema e na definição de um roteiro hierarquizado dos assuntos tratados. Chamo atenção para isso, porque o bibliotecário tem uma competência específica na questão de hierarquização de assuntos, originada em sua formação no que diz respeito ao estudo de classificações bibliográficas. E mesmo assim, a bibliotecária não demonstrou, para os professores com quem trabalhava, esse conhecimento, o que poderia ter sido valioso para um trabalho mais significativo dos alunos. Penso que, se o bibliotecário for trabalhar com os professores, é necessário explicitar suas competências específicas e evidenciar seu papel educativo.

No próximo capítulo, pretendo aprofundar o entendimento do processo de pesquisa, apresentando uma estratégia que pode dar sustentação ao trabalho dos mediadores, tanto professores quanto bibliotecários, como orientadores na pesquisa escolar.

Referências

Campello, Bernadete; Abreu, Vera Lúcia Furst Gonçalves. Competência informacional e formação do bibliotecário. *Perspectivas em Ciência da Informação*, v. 10, n. 2, 2005. Disponível em: https://brapci.inf.br/index.php/res/download/44072. Acesso em: 25 mar. 2024.

Campello, Bernadete *et al*. Aprendizagem pela pesquisa: busca e uso de informações na produção do conhecimento. *In*: Encontro Nacional de Pesquisa em Ciência da Informação, 11., 2010, Rio de Janeiro. *Anais eletrônicos*. Rio de Janeiro: Ancib, 2010. Disponível em: https://brapci.inf.br/index.php/res/v/179114. Acesso em: 25 mar. 2024.

Duarte, Adriana B. S.; Campello, Bernadete. Inquiry learning: educating librarians for their educational role. *In*: International Association on School Librarianship Conference, 44.; Forum on International Research in School Librarianship, 19., 2015, Maastricht, Holanda. *Proceedings...* Heerlen: Open Universiteit, 2015. v. 2. p. 123-135. Disponível em: https://www.researchgate.net/publication/299854055_Inquiry_learning_educating_librarians_for_their_educational_role. Acesso em: 25 mar. 2024.

Kuhlthau, Carol. *Como orientar a pesquisa escolar*: estratégias para o processo de aprendizagem. Tradução e adaptação de Bernadete Campello e outros. Belo Horizonte: Autêntica, 2010.

Oliveira, Iandara R.; Campello, Bernadete. Estado da arte sobre pesquisa escolar no Brasil. *Transinformação*, v. 28, n. 2, p. 181-194, 2016. Disponível em: https://brapci.inf.br/index.php/res/download/117867. Acesso em: 25 mar. 2024.

Capítulo 5
Estratégias para orientar o processo de pesquisa

Nos capítulos anteriores, discorri sobre a aprendizagem pela pesquisa e a possibilidade que ela oferece para que os alunos se formem como pesquisadores, conforme recomendado pela BNCC, aprendendo habilidades informacionais necessárias ao processo. Supõe-se, portanto, que a pesquisa escolar seria uma estratégia privilegiada nas escolas. Na verdade, isso não acontece: as escolas têm tido dificuldade para implementar tal metodologia.

Uma análise de 24 estudos sobre pesquisa escolar no Brasil (Oliveira; Campello, 2016) mostrou essa contradição: os mediadores entendiam a pesquisa escolar como um princípio educativo, consideravam-na uma estratégia positiva de aprendizagem, mas não conseguiam incorporá-la em suas práticas. O estudo revelou problemas: professores reclamavam que alunos copiavam e colavam as informações; alunos reclamavam que professores não explicavam com clareza o que queriam com o trabalho; e pais reclamavam porque, algumas vezes, eram obrigados a realizar grande parte da tarefa. Neste capítulo, não pretendo discorrer sobre esses problemas, mas sim propor soluções para resolvê-los.

Nos Estados Unidos, há uma prática bem consolidada nas escolas: os alunos aprendem os passos da pesquisa durante o ensino básico e, normalmente, já chegam ao ensino superior dominando, pelo menos, técnicas básicas de pesquisa. Essa aprendizagem é feita na biblioteca, e o bibliotecário é quem orienta os alunos a passar pelos passos da pesquisa, utilizando estruturas de aprendizagem consolidadas.

Uma dessas estruturas é a Big6, criada por Michael Eisenberg e Robert E. Berkowitz e amplamente usada em escolas dos Estados Unidos e de outros países de língua inglesa (The Big6, 2021). Esse modelo é composto por seis passos que os alunos devem seguir ao realizar uma pesquisa e possui uma sequência determinada. No primeiro passo, o aluno define o problema da pesquisa e identifica o tipo de informação que vai precisar. No segundo, busca as fontes de informação mais adequadas. No terceiro, localiza essas fontes e seleciona as informações pertinentes. No quarto passo, vai ler e interpretar as informações, e se preparar para elaborar o trabalho final, que será apresentado aos colegas. O último passo é a avaliação: avaliação tanto do conteúdo do trabalho como do processo, porque o objetivo principal é que o aluno aprenda a realizar o processo de pesquisa.

Outra estratégia é a do autor britânico Michael Marland, que usa a mesma estrutura da Big6, em que o aluno passa por uma série de passos na realização da pesquisa (Marland, 1981 *apud* Alves, 1999). Essas duas estratégias têm uma estrutura prescritiva, apresentando os passos numa ordem determinada, o que significa que os autores consideram aquelas ações as mais corretas para que os alunos passem pelo processo de pesquisa.

Uma estratégia sustentada por um modelo descritivo, baseado na realidade, diminui a rigidez dos modelos prescritivos. É o caso do modelo de Carol Kuhlthau, construído a partir da observação sistemática de como os estudantes passam pelo processo. A pesquisadora realizou diversos estudos sobre o assunto, durante sua carreira acadêmica, o que permitiu que construísse e testasse em profundidade o modelo. Pesquisadores de diversos países também têm testado o modelo e, no Brasil, o Gebe realizou três estudos com base no modelo de Carol Kuhlthau (Campello; Abreu, 2005, Campello *et al.*, 2010, Duarte; Campello, 2015).

Carol Kuhlthau começou a se interessar pelo assunto no início da década de 1980, quando era bibliotecária numa escola de ensino fundamental nos Estados Unidos. Costumava observar os estudantes quando iam à biblioteca buscar informações para os trabalhos solicitados pelos professores. Ela percebia que os alunos chegavam inseguros, ansiosos, mesmo tendo familiaridade com a biblioteca. Esse aspecto do sentimento dos alunos foi o que intrigou e motivou Carol Kuhlthau a iniciar uma série de estudos sobre o processo de pesquisa, que abrangeu vários grupos de usuários e culminou com a proposta do modelo chamado Information Search Process (ISP) (Kuhlthau, 1999, p. 11-13).

O ISP aborda três aspectos: as ações, os pensamentos e os sentimentos dos estudantes quando realizam o processo de pesquisa. A dimensão afetiva é que dá originalidade ao trabalho de Carol Kuhlthau e faz diferença na forma como a pesquisa escolar é orientada.

O modelo também é apresentado em etapas que o aluno percorre durante a pesquisa. Em cada etapa, são registrados o que os alunos fazem, o que pensam e o que sentem.

O que se observa é que há, ao longo do processo, mudança em todos esses aspectos. Isso revela que o processo não é linear e não acontece sempre da mesma forma com todos os alunos. Ele pode envolver conflitos e, às vezes, é tumultuado. O modelo desvela questões importantes para os mediadores: primeiramente, mostra que o processo tem que ser acompanhado, orientado. Ou seja, não é possível que o professor apenas apresente o tema para o aluno e o deixe solto; é preciso apoio durante o processo. Mais do que isso: em cada passo do processo, as estratégias de orientação são específicas e as intervenções do mediador são diferentes, devendo ser apropriadas para cada momento e para cada aluno.

Além disso, o modelo mostra que há casos em que o aluno precisa aprender habilidades que ainda não domina a fim de prosseguir. Todas as habilidades que mencionamos nos quatro primeiros capítulos deste livro precisam ser aprendidas, de preferência, durante o processo, quando necessitam ser mobilizadas.

A aprendizagem pela pesquisa pressupõe, por exemplo, o uso de fontes variadas, além do livro texto. Assim, o aluno precisa saber reunir informações de várias fontes e elaborar um texto coerente. É o que chamamos de *combinar informação*. Isso deve ser aprendido paulatinamente, por etapas: primeiramente retirando informações de uma única fonte. Em seguida, retirando e combinando informações de duas fontes, até dominar o processo de utilizar com competência várias fontes. Essa constitui uma habilidade difícil, sofisticada e é preciso tempo para que os alunos aprendam.

A questão do tempo é enfatizada no modelo de Carol Kuhlthau. Ela chama atenção para a necessidade de dar ao aluno oportunidade de refletir, de pensar, de falar sobre o que está fazendo, pausar um pouco durante a pesquisa para pensar no que está aprendendo. O modelo destaca o fato de que cada aluno passa pelo processo em ritmo diferente, e isso deve ser respeitado. Por exemplo, alguns alunos têm dificuldade em escolher e delimitar o tema do trabalho, e precisam ser auxiliados para que possam tomar a decisão de escolher o assunto específico que desejam pesquisar e prosseguir na tarefa.

O trabalho mais recente de Carol Kuhlthau, o livro *Guided Inquiry: Learning in the 21st Century*[2] (Kuhlthau; Maniotes; Caspari, 2007), encerra, já no título, a ideia de orientação e atualiza a terminologia do modelo usando verbos para caracterizar cada etapa do processo.

O primeiro verbo é *open* ("abrir"). Nessa fase é exatamente isso que é importante. "Abrir a cabeça" do aluno; motivá-lo para a pesquisa, estimular sua curiosidade. É o passo inicial para que o aluno escolha um tema e para que encontre um assunto que vá interessá-lo ao longo do processo.

O segundo verbo é *imerse* ("imergir"), quando os alunos vão "mergulhar" no assunto, buscar experiências anteriores, pensar no que sabem sobre o tema.

O terceiro verbo é *explore* ("explorar"), etapa em que os alunos vão explorar o assunto, buscar fontes de informação para visualizar outras possibilidades e as diversas perspectivas em que o assunto pode ser tratado, e se preparar para escolher o foco.

A etapa seguinte é caracterizada pelo verbo *identify* ("identificar"), que é identificar com precisão o assunto que vai pesquisar, definir o foco.

---

[2] *Pesquisa orientada: aprendendo no século 21*, em tradução livre para o português.

Em seguida, o verbo é *gather* ("reunir"), quando o aluno busca informações específicas sobre o foco que escolheu, estando preparado para reunir informações pertinentes sobre o assunto escolhido.

Depois vem o verbo *create* ("criar"), quando, mais uma vez, o aluno reflete sobre o que leu e aprendeu com as leituras, e se prepara para elaborar o trabalho final, que pode ser um texto escrito, uma apresentação oral, um vídeo, entre outros. O importante é que ele elabore o produto a partir da compreensão que teve das leituras que fez, das opiniões que formou ao longo do processo, dos pontos de vista que explorou.

A fase seguinte é caracterizada pelo verbo *share* ("compartilhar"), quando o aluno compartilha o que aprendeu, conta a história de sua aprendizagem, de sua pesquisa, e aprende com os colegas. É uma fase importante da pesquisa, que complementa a aprendizagem.

A última é *evaluate* ("avaliar"). O aluno é orientado a avaliar seu trabalho, não só do ponto de vista dos conteúdos que aprendeu, mas também do processo que percorreu. Ele deve perceber como realizou o processo, quais habilidades adquiriu e quais competências possivelmente usará ao longo de sua vida para continuar aprendendo.

O trabalho de Carol Kuhlthau mostra que o processo de pesquisa não é algo simples nem linear, mas é uma trajetória em que o aluno lê, procura informação, interpreta, aprende com os outros, dialoga com o professor, com os colegas, lê novamente e mergulha no assunto até produzir um trabalho que represente o que aprendeu.

O livro *Como orientar a pesquisa escolar: estratégias para o processo de aprendizagem* (Kuhlthau, 2010), que originalmente apresentou a metodologia de Carol Kuhlthau para o processo de pesquisa, detalha o modelo e recomenda atividades para cada etapa. Chama atenção no trabalho da autora a capacidade de desenvolver um modelo com rigor científico e, ao mesmo tempo, com base no modelo, propor atividades práticas que os mediadores podem usar para ajudar os alunos durante o processo de pesquisa.

No próximo capítulo, apresentarei estratégias didáticas que Carol Kuhlthau propõe para cada etapa do processo, principalmente para os momentos em que os alunos costumam ter mais dificuldades. São estratégias que vão ajudá-los a passar pelo processo, de forma a que cheguem ao final tendo realizado uma aprendizagem significativa.

Referências

Alves, Marta P. *Biblioteca escolar*: tecnologias de informação e currículo. *Liberpolis*, n. 2, p. 69-80, 1999.

Campello, Bernadete; Abreu, Vera Lúcia Furst Gonçalves. Competência informacional e formação do bibliotecário. *Perspectivas em Ciência da Informação*, v. 10, n. 2, 2005. Disponível em: https://brapci.inf.br/index.php/res/download/44072. Acesso em: 25 mar. 2024.

Campello, Bernadete *et al.* Aprendizagem pela pesquisa: busca e uso de informações na produção do conhecimento. *In*: Encontro Nacional de Pesquisa em Ciência da Informação, 11., 2010, Rio de Janeiro. *Inovação e inclusão social*: questões contemporâneas da informação. Rio de Janeiro: ANCIB, 2010. Disponível em: https://brapci.inf.br/index.php/res/download/179118. Acesso em: 6 maio 2024.

Duarte, Adriana B. S.; Campello, Bernadete. Inquiry learning: educating librarians for their educational role. *In*: *International Association on School Librarianship Conference*, 44; Forum on International Research in School Librarianship, 19, 2015, Maastricht, Netherlands. *Proceedings...* Heerlen: Open Universiteit, 2015. v. 2. p. 123-135. Disponível em: https://www.researchgate.net/publication/299854055_Inquiry_learning_educating_librarians_for_their_educational_role. Acesso em: 25 mar. 2024.

Kuhlthau, Carol. *Como orientar a pesquisa escolar*: estratégias para o processo de aprendizagem. Tradução e adaptação de Bernadete Campello e outros. Belo Horizonte: Autêntica, 2010.

Kuhlthau, Carol. O papel da biblioteca escolar no processo de aprendizagem. *In*: Seminário Biblioteca Escolar Espaço de Ação Pedagógica, 1., 1998, Belo Horizonte. *Biblioteca escolar espaço de ação pedagógica*. Belo Horizonte: Gebe; ECI-UFMG, ABMG, 1999. p. 9-14. Disponível em: https://pt.scribd.com/document/257774877/ O-Papel-Da-Biblioteca-Escolar-No-Processo-de-Aprendizagem. Acesso em: 25 mar. 2024.

Kuhlthau, Carol; Maniotes, Leslie; Caspari Ann. *Guided inquiry:* learning in the 21st century. Westport, CT: Libraries Unlimited, 2007.

Marland, M. (Ed.). Information skills in the secondary curriculum: the recommendations of a working group sponsored by the British Library and the Schools Council. London: Methuen Educational, 1981, citado por Alves, M. P. Biblioteca escolar: tecnologias de informação e currículo. *Liberpolis*, n. 2, p. 69-80, 1999.

Oliveira, Iandara Reis de; Campello, Bernadete. Estado da arte sobre pesquisa escolar no Brasil. *Transinformação*, Campinas, v. 28, n. 2, p. 181-194, maio/ago., 2016. Disponível em: https://brapci.inf.br/index.php/res/v/116848. Acesso em: 25 mar. 2024.

Oliveira, Iandara Reis de. *O processo de aprendizagem pela busca e uso de informações*: a orientação da pesquisa escolar na perspectiva do professor. 94f. (Dissertação de Mestrado). Programa de Pós-Graduação em Ciência da Informação. Escola de Ciência da Informação da Universidade Federal de Minas Gerais. 2013. Disponível em: https://brapci.inf.br/index.php/res/v/35396. Acesso em: 6 maio 2024.

The Big6. Big6.org, 2021. Disponível em: https://thebig6.org/. Acesso em: 25 mar. 2024.

Capítulo 6
Estratégias para mobilizar habilidades de pesquisa

No capítulo anterior, introduzimos o modelo do processo de pesquisa desenvolvido por Carol Kuhlthau, mostrando características que afetam a maneira como deve ser mediado.

Neste capítulo, pretendo abordar algumas estratégias sugeridas por Carol Kuhlthau, para orientação do processo (Kuhlthau, 2010).

As estratégias mencionadas neste capítulo estão também baseadas em estudos do Gebe (mencionados no Capítulo 5) e em experiência na orientação de alunos de graduação e de pós-graduação, que nos possibilitou perceber inúmeros problemas que surgem ao longo do processo e que precisam ser compreendidos pelos mediadores.

Percebe-se que o início do processo, esse momento de motivar e levar os alunos a *imergir* no assunto escolhido, constitui o espaço do professor, que é o principal responsável para motivar os alunos, estimulá-los para estar aberto a ideias, se envolverem no assunto que, geralmente, é um tópico ou uma unidade do programa da disciplina, um tema amplo. É quando o professor vai mostrar possibilidades de pesquisa que aquele assunto pode trazer. É o momento de fazer perguntas do tipo "será que?", para despertar a curiosidade dos alunos, fazê-los levantar hipóteses, mesmo que sejam hipóteses singelas. É preciso fazê-los perceberem que, naquele momento, eles vão dizer "eu acho que...", mas, no final do processo, eles devem dizer "eu observei que...", "eu aprendi que...".

É isso que o primeiro momento implica: um estímulo para que os alunos se envolvam no processo de pesquisa e comecem a pensar em assuntos para pesquisar. O problema é que, muitas vezes, o professor lança um tema único para todos e, na verdade, a ideia da pesquisa é que cada aluno escolha um tema que o interesse, ou seja, a escolha do tema faz parte do processo de pesquisa.

Observei, quando aplicava essa metodologia com meus alunos de Biblioteconomia, que alguns não se interessavam imediatamente. Era necessário fazer um trabalho mais específico, mais individualizado com alguns, o que dificulta o processo para o professor; não é como uma aula expositiva, em que a turma toda está assentada, ouvindo a exposição do professor. É preciso entender que a prática da aprendizagem pela pesquisa demanda tempo e energia para motivar os alunos no momento inicial.

Uma estratégia adequada para essa fase do processo é o *brainstorming*: uma conversa com todos os alunos, oportunidade em que o professor apresenta o tema, levanta questões a respeito, mostra os diversos aspectos que podem ser pesquisados dentro do tema mais amplo. Essa conversa predispõe ao surgimento de ideias, pois, geralmente, os alunos relatam conhecimentos prévios que possuem sobre o assunto, que podem inspirar todo o grupo. Outra estratégia, sugerida por Carol Kuhlthau, para ser usada desde o início do processo é o uso do diário, ou seja, um caderno, ou anotações no computador, em que os alunos vão registrando suas ações, sentimentos, pensamentos, ideias, buscas que fizeram ao longo do percurso. Tais anotações podem servir para o aluno tomar consciência do processo e, ao final, permite avaliar o trabalho.

A fase seguinte, que é *explorar*, é quando os professores geralmente "soltam" o aluno. Momento em que fazem consultas na internet ou vão à biblioteca buscar informações. Nesse caso, é quando o bibliotecário "entra em cena" e assume o papel de mediador, recomendando fontes adequadas. Entretanto, é necessário que o bibliotecário participe também da fase inicial, da etapa de motivação, para que tome conhecimento dos tópicos que estão sendo discutidos e esteja preparado para orientar os alunos na busca e no uso das fontes.

Nessa etapa de *exploração*, a conversa é a estratégia adequada. Falar sobre o tema, contar o que encontrou é importante para que o aluno tenha consciência do que está aprendendo. Nesse momento, ele deve ter tempo para conversar com o professor, com o bibliotecário e com os colegas, principalmente quando a pesquisa é feita em grupo. A conversa com os colegas é comum nessa fase, mas os mediadores também têm que estar disponíveis para o diálogo. Não apenas informalmente, mas também é preciso haver encontros agendados para ouvir e orientar os alunos. Essa é uma das dificuldades na implementação da metodologia de pesquisa escolar, por não haver tempos previstos para esse tipo de interação fora da sala de aula.

Carol Kuhlthau recomenda que, durante o processo, o aluno tenha oportunidade de refletir, pensar sobre suas escolhas, suas leituras, sobre o que está aprendendo. É necessário proporcionar esse tempo de reflexão, de relaxamento, para que ele se conscientize do processo de aprendizagem.

Com relação ao uso das fontes de informação, Carol Kuhlthau recomenda a consulta a uma fonte geral, como enciclopédias, quando o aluno anota de maneira concisa (não é o momento de anotações detalhadas) o que achou interessante sobre o tema geral: lugares, datas, fatos. São anotações sucintas que vão ajudá-lo a definir o foco, delimitar o tema.

Quando isso acontece, o aluno já está preparado para fazer uma busca específica. E como o bibliotecário pode ajudar nessa fase? É interessante que o bibliotecário oriente o aluno a preparar uma estrutura de tópicos hierarquizados. Essa estrutura é importante tanto para ajudar o aluno a buscar informações nessa etapa, quando já está preparado para reunir informações específicas sobre o tema, quanto para servir como um roteiro de elaboração do trabalho, seja este um texto, seja este uma apresentação oral. A hierarquização de tópicos será o sumário do trabalho final, por isso, em quaisquer circunstâncias, sugere-se uma organização lógica dos tópicos.

Além de ajudar o aluno a organizar a estrutura de tópicos, o bibliotecário pode, nesse momento, ensinar sobre as partes do trabalho acadêmico, que deve conter introdução (que esclareça o objetivo do trabalho), desenvolvimento (o "corpo" do trabalho), conclusão e referências bibliográficas. O bibliotecário deve ensinar a elaborar referências e mostrar para o aluno que é preciso sempre citar as fontes, registrar de onde retirou as ideias que está incluindo no trabalho.

A maior dificuldade do processo, que foi identificada em praticamente todos os nossos estudos sobre o tema e por Carol Kuhlthau, em suas pesquisas, é a elaboração do texto, quando este é o produto solicitado. Em nossas pesquisas, percebemos que, mesmo alunos do ensino superior, tinham dificuldades em elaborar o texto. Observamos três tipos de dificuldade: uma dizia respeito à interpretação, entender o texto, compreender as ideias do autor, confrontar ideias de dois textos, fazer a intertextualidade.

A segunda dificuldade era com a estruturação do texto, ação que os alunos chamavam de "montar o trabalho", "ligar as partes". Percebe-se que havia faltado a elaboração da estrutura de tópicos, que poderia ter ajudado não a resolver o problema da produção do texto em si, mas forneceria a ordem para estruturar o texto de forma coerente, facilitando a ligação das partes, fazendo o texto fluir. A terceira dificuldade foi a de escrever o texto com suas próprias palavras. Os alunos não possuíam habilidades de parafrasear, apresentar as ideias do autor com suas palavras, e tinham dificuldade de interpretar, atribuir sentido e ter clareza sobre as informações que encontraram.

Portanto, habilidades de leitura e escrita precisam ser desenvolvidas ao longo da escolarização, mas um dos desafios é que esse processo tende a ficar sob a responsabilidade do professor de Língua Portuguesa. Parece que professores de outras disciplinas não se sentem responsáveis por fazer revisão de textos, ajudando os alunos a melhorar suas habilidades de leitura e escrita. O resultado é o "copia e cola".

Apesar de todas essas dificuldades, os estudos mostraram que os alunos apreciavam a metodologia. Percebiam a dificuldade de aprender de forma autônoma, mas gostavam de passar pelo processo, notavam que aprendiam mais do que com uma aula expositiva e, especialmente, gostavam de compartilhar o que tinham aprendido. Portanto, além do trabalho escrito, que dá ao aluno a oportunidade de aprender a produzir um texto acadêmico, é importante possibilitar a apresentação oral, para que ele possa conversar com os colegas sobre seu trabalho.

Os estudos mostraram que os alunos apreciavam que o professor corrigisse e avaliasse seu trabalho. Alguns reclamaram que o professor nem lera o texto: simplesmente recolhera, dera a nota e devolvera. Portanto, é preciso que o professor dê o retorno, para que o aluno se sinta valorizado, tenha noção clara de seu desempenho e possa aperfeiçoá-lo em futuras tarefas.

Conhecendo o caminho que o aluno percorre, a necessidade da orientação fica clara, assim como a importância do trabalho colaborativo do professor e do bibliotecário, que vai permitir que o aluno aprenda, não só os conteúdos curriculares, mas também o processo de pesquisa. Assim, desenvolverá o perfil de pesquisador, curioso, criativo, o qual busca soluções e aprende habilidades cada vez mais sofisticadas para continuar aprendendo de forma autônoma.

No próximo capítulo, abordarei um assunto relacionado com a pesquisa escolar: o uso da Wikipédia, uma fonte de informação polêmica, que está mudando a forma de produção e divulgação do conhecimento.

Referências

Kuhlthau, Carol. *Como orientar a pesquisa escolar*: estratégias para o processo de aprendizagem. Tradução e adaptação de Bernadete Campello e outros. Belo Horizonte: Autêntica, 2010.

Capítulo 7

A Wikipédia como fonte de informação para pesquisa

Neste capítulo, vou tratar da Wikipédia, uma fonte de informação que tem sido usada na pesquisa escolar. A enciclopédia, um tipo de fonte de informação tradicional, que existe desde o século 16 (Campello, 2008), costumava ser a principal fonte utilizada pelos alunos para fazer suas pesquisas, antes do advento da internet. Fazer pesquisa era sinônimo de consultar a *Barsa*,[3] que, assim como outras enciclopédias impressas, ainda faz parte da coleção de algumas bibliotecas.

Os mediadores confiavam nessas fontes por serem produzidas por especialistas, pessoas reconhecidamente competentes, convidadas para escrever os diversos verbetes que compunham a enciclopédia. A produção de uma enciclopédia era coordenada pelo editor, geralmente um intelectual de renome no país. Por exemplo, a edição brasileira da *Barsa* teve como editor Antonio Callado, jornalista, biógrafo, romancista e dramaturgo.

---

[3] Traduzida da edição espanhola, a enciclopédia *Barsa* foi publicada no Brasil em 1964 e teve sua última edição impressa cinquenta anos depois, em 2014. Atualmente, seu conteúdo é oferecido por meio da plataforma digital Barsa na Rede.

Atualmente, para realizar pesquisas, os alunos recorrem à internet e usam a Wikipédia. E o que é a Wikipédia, uma enciclopédia? Pode-se dizer que a Wikipédia revolucionou a maneira como o conhecimento vem sendo divulgado, subvertendo uma prática que vem ocorrendo há séculos. Qualquer pessoa pode colocar conteúdo na internet, algo revolucionário na perspectiva da produção e divulgação de conhecimentos. Assim como outras mídias participativas, a Wikipédia é um espaço livre, o que não apenas a populariza, como também aumenta o volume de críticas em torno dela: uma situação contraditória. Os mediadores precisam entender essa contradição a fim de que possam ajudar os alunos a lidar com a Wikipédia.

Não pretendo, neste capítulo, apresentar uma descrição da Wikipédia. Para isso, recomendo um vídeo que explica em detalhes sua produção (Wikipedia, 2018) e um artigo que compara o processo de produção da Wikipédia com o da *Britannica Online* (D'andréa, 2009).

O foco aqui será entender como a Wikipédia está sendo usada na escola, e, para isso, existem estudos feitos em vários países e no Brasil. Os resultados desses estudos revelam certa relutância dos professores com o uso da Wikipédia pelos alunos. Por um lado, na maior parte das vezes, os professores não a recomendam nem proíbem o uso: parecem ficar "em cima do muro", o que revela a indecisão no uso dessa fonte.

Os alunos, por outro lado, reagem de forma bastante coerente: usam porque gostam da fonte, percebem que ela é fácil de ser usada, mas não a citam em seus trabalhos escritos. A impressão é que eles percebem que a Wikipédia não é uma fonte digna de constar na bibliografia de seus trabalhos, então a usam sem citar.

Alguns mediadores aceitam que os alunos usem, fazendo recomendações para esse uso. Uma dessas recomendações é que os alunos utilizem a ferramenta apenas no início do trabalho. O que, na verdade, é redundante, pois a enciclopédia é uma fonte de informação para ser usada como uma fonte inicial, a fim de oferecer uma visão geral do tema. Ou seja, não é uma fonte para ser usada ao longo do trabalho, o que torna a recomendação óbvia.

Outra recomendação dos professores é que os alunos usem a Wikipédia apenas quando não encontram informação em outras fontes, o que pode ocorrer em certas circunstâncias, pois a Wikipédia é ágil na produção de informações, sendo muitas vezes a única fonte que contém determinada informação.

Os professores recomendam também que os alunos consultem outras fontes, e não apenas a Wikipédia. Essa é a ideia por trás de um trabalho de pesquisa: que os alunos busquem várias fontes para confrontar ideias, ver diferentes pontos de vista, confirmar informações. É uma recomendação pertinente.

Assim, diversos estudos de uso da Wikipédia mostraram a relutância que os professores têm sobre seu uso. É importante entender que o problema está na questão da credibilidade, que muda inteiramente no caso das mídias participativas. Nesse caso, a credibilidade não é um atributo da fonte nem algo inerente a ela, mas é produzida pela percepção de quem a usa.

O professor David Lankes (Lankes, 2011) explica a questão da credibilidade, mostrando que ela não está mais relacionada ao que chamamos de "autoridade" da fonte, ou seja, ao fato de ser elaborada por especialistas de reconhecida competência. Atualmente, a credibilidade está ligada à *percepção* de quem usa a fonte, se essa pessoa acredita ou não naquela informação e se permite que aquela informação molde sua opinião, sua visão de mundo. Assim, a credibilidade é transferida, da fonte propriamente dita, para o usuário.

A mudança tem relação com a situação em que a fonte é usada, com o tipo de assunto que a pessoa pesquisa. Portanto, é importante entender a mudança, a passagem da credibilidade da fonte para o leitor e analisar como fica a posição do mediador, seja o professor, seja o bibliotecário. E como isso vai influenciar suas práticas? David Lankes considera que o bibliotecário não tem responsabilidade de julgar se uma informação é boa ou ruim nas mídias participativas. O que ele tem que fazer, para dar confiabilidade à sua prática, é dar ao aluno possibilidade de usar várias fontes. O bibliotecário facilitará o uso da informação, oferecendo várias fontes para que o próprio aluno forme seu ponto de vista. Esse é o papel do mediador com relação às mídias participativas.

O importante é não jogar a questão "para baixo do tapete": a controvérsia tem que ser trazida à tona, e os mediadores devem ajudar os alunos a passar por situações concretas de uso das mídias participativas a fim de que desenvolvam habilidades para lidar com essa questão.

Assim, a avaliação dessas fontes não pode ser feita por critérios tradicionais, analisando-se a competência dos autores. No caso da Wikipédia, cada verbete tem que ser avaliado individualmente, porque depende da situação de uso, de opiniões ou de interesses diferentes. Alguns assuntos são mais polêmicos, mais sujeitos a contradições, a manipulação, do que outros. O conhecimento de como a credibilidade mudou é importante para que os mediadores tenham segurança ao orientar os alunos no uso das novas mídias.

É inegável que a Wikipédia continuará com essa característica aberta, democrática, porque isso é a razão de seu sucesso. Sabe-se que há preocupação de seus gestores para aumentar a qualidade dos verbetes, no sentido de valorizar colaboradores mais assíduos, mais dedicados, mais presentes na colocação de novos conteúdos. Esse é um passo que, segundo os gestores, pode aumentar a qualidade da Wikipédia.

O aparecimento de novas mídias e a necessidade de desenvolver nos alunos habilidades críticas para o seu uso apontam com nitidez para o trabalho colaborativo na escola. O bibliotecário, com seu conhecimento de fontes de informação deve assumir um papel pedagógico ao lado do professor. Em consequência, a colaboração entre professor e bibliotecário constitui tema muito presente na pauta da Biblioteconomia. No capítulo a seguir, pretendo explorar estudos que permitirão compreender essa questão e vislumbrar possibilidades de fazer com que a colaboração se integre nas práticas escolares, potencializando a ação da biblioteca.

Referências

Campello, Bernadete. Enciclopédias. In: Campello, Bernadete; Caldeira, Paulo da Terra (org.). *Introdução às fontes de informação*. 2. ed. Belo Horizonte: Autêntica, 2008. p. 9-22.

D'Andréa, Carlos Frederico de Brito. Enciclopédias na web 2.0: colaboração e moderação na Wikipédia e Britannica Online. *Em Questão*, Porto Alegre, v. 15, n. 1, p. 73-88, 2009. Disponível em: https://brapci.inf.br/index.php/res/v/87980. Acesso em: 27 mar. 2024.

Lankes, David. *The Atlas of New Librarianship*. Cambridge, MA: The MIT Press, 2011. p. 90. Disponível em: https://davidlankes.org/newlibrarianship/the-atlas-of-new-librarianship-online/#Download. Acesso em: 27 mar. 2024.

Wikipedia: Nerdologia Tech. São Paulo, 22 fev. 2018. 1 vídeo (10 min). Publicado por Nerdologia. Disponível em: https://www.youtube.com/watch?v=XwWQs1ftXeA. Acesso em: 27 mar. 2024.

Capítulo 8

Colaboração professor/bibliotecário: base para a aprendizagem na biblioteca

Neste capítulo, pretendo explorar o tema da colaboração professor-bibliotecário, considerando que há clareza de que o trabalho educativo do bibliotecário só dará bons resultados quando ele consegue a colaboração do professor para o trabalho em equipe.

A imagem do bibliotecário isolado na biblioteca, ocupando-se de aspectos técnicos e administrativos, exigindo silêncio e cumprimento das normas, é um estereótipo persistente na profissão. Entretanto, bibliotecários que desejam ter uma ação educativa na escola reclamam, às vezes, que os professores não participam da vida da biblioteca, não levam os alunos para ler, para buscar livros. Percebem que os professores têm dificuldade em mudar metodologias de ensino tradicionais e passem a usar práticas ativas, que exijam busca de informações e frequência à biblioteca. São situações que reforçam o distanciamento entre professores e bibliotecários.

Na Biblioteconomia, atualmente há estudos que evidenciam que a colaboração professor-bibliotecário pode contribuir para a aprendizagem, constituindo um fator que potencializa o processo. Pesquisadores na área de

Biblioteconomia têm buscado compreender como essa colaboração se dá, investigando fatores que estimulam a colaboração e maneiras de incentivá-la.

Uma pesquisadora que sobressai nessa área é Patricia Montiel-Overall, da Universidade do Arizona, Estados Unidos, que tem estudado como a colaboração ocorre e de que maneira esta pode influenciar o processo de aprendizagem. Patricia Montiel-Overall começou seus estudos sobre colaboração criando um modelo teórico que apresenta a colaboração em quatro níveis ou facetas (Pereira; Campello, 2016).

O primeiro nível, chamado *coordenação*, envolve pouca colaboração, como quando o professor combina com o bibliotecário de levar as crianças à biblioteca para pegar livros emprestados ou realizar alguma tarefa. Nesse nível, não há planejamento conjunto; o que ocorre é uma colaboração pontual no agendamento da atividade. Outro exemplo de colaboração nesse nível de pouca profundidade é quando o bibliotecário participa de algum evento na escola e tem que combinar detalhes operacionais com os professores.

O segundo nível é o que a pesquisadora denomina *cooperação*, que também envolve um nível baixo de colaboração e ocorre, por exemplo, quando o professor solicita uma tarefa, uma pesquisa, e o aluno precisa ir à biblioteca para buscar informações. Nesse caso, o bibliotecário simplesmente ajuda o aluno a encontrar os materiais. Em outras situações, ajuda-o a usar o material, mas também não há planejamento conjunto. Com isso, o bibliotecário é apenas um apoio para o trabalho do professor, não havendo uma colaboração efetiva.

O terceiro nível é chamado *instrução integrada*. Aqui há colaboração efetiva, porque o planejamento da atividade, sua execução e avaliação são feitos em conjunto. O professor e o bibliotecário trabalham juntos, cada um no âmbito de sua competência para apoiar o trabalho dos alunos. É um nível considerado alto de colaboração.

O quarto nível é o *currículo integrado*, em que a colaboração atinge o nível mais alto, ocorrendo com todos os professores da escola. Isso significa que a biblioteca tem um programa de aprendizagem de habilidades informacionais ou de leitura, por exemplo, e todos os professores participam deste programa. A biblioteca está integrada ao currículo.

Ainda, em seus estudos, Patricia Montiel-Overall buscou entender as dificuldades que existem para a colaboração, e encontrou várias. A mais nítida foi a tendência dos professores de trabalharem sozinhos. Eles têm o costume de serem autônomos dentro da sala de aula e é difícil abrir mão dessa autonomia, sair da zona de conforto para trabalhar com outras pessoas, como o bibliotecário. Outra dificuldade, mencionada anteriormente, é que os professores costumam usar pouco a biblioteca, com metodologias que não exigem a frequência dos alunos a esse espaço.

Patricia Montiel-Overall procurou observar como é possível promover uma colaboração que tenha influência positiva na aprendizagem, a fim de criar situações em que bibliotecários e professores realizem atividades, trabalhando em seu nível de competência, para ajudar os alunos.

Um *ambiente amistoso* é claramente favorável à colaboração e isso depende da liderança na escola. O diretor está na melhor posição para criar esse ambiente, para promover uma cultura colaborativa.

Outro fator fundamental para a colaboração é a *comunicação*. É necessário criar ambientes formais de comunicação, como reuniões, espaços para que professores e bibliotecários possam discutir, conversar, trocar ideias.

Isso pode ocorrer também em ambientes informais, no cafezinho, na hora do lanche, numa conversa de corredor. Quando há cultura de colaboração, todos os momentos podem ser usados para que haja essa comunicação entre professores e bibliotecários.

Há também *fatores pessoais* envolvidos na colaboração, como o tipo de personalidade das pessoas envolvidas. Há pessoas que sentem prazer em trabalhar em conjunto, tendo disposição ou atitude que as levam a compartilhar, a trabalhar com facilidade em parceria.

A cultura colaborativa é beneficiada também pelo *reconhecimento das competências* dos diversos profissionais envolvidos. A competência do professor é geralmente reconhecida na escola. Quando um novo professor é contratado, todos na escola conhecem sua área de conhecimento, a matéria que ele vai oferecer. No caso do bibliotecário, parece que é diferente: ele não se mostra, não apresenta suas competências. Essa situação não constitui uma evidência científica, mas é algo que tenho percebido nas minhas observações e diálogos com bibliotecários: a dificuldade que esses profissionais têm de mostrar suas habilidades para atuar como educadores, as quais podem ser somadas à competência dos professores. Isso prejudica o processo de colaboração do bibliotecário com o professor.

Finalmente, pesa na questão da colaboração a existência de *objetivos comuns*. Se ambos, professores e bibliotecários, têm objetivos comuns, relacionados à aprendizagem dos alunos, considera-se que há um ambiente propício para a colaboração. Então, se o bibliotecário se isola na biblioteca e só trabalha em função de organizá-la, de administrá-la sem se envolver nas questões pedagógicas, a colaboração é dificultada.

Há pesquisas que mostram situações de colaboração efetiva entre professores e bibliotecários atuando juntos em projetos escolares que exploram elementos que favorecem a colaboração entre eles, revelando possibilidades de interação e parceria. Projetos em colaboração mostraram que é necessário haver uma relação de trabalho baseada na confiança entre participantes. Tais projetos resultaram em maior motivação para os participantes aperfeiçoarem suas práticas e para que os bibliotecários tivessem maior visibilidade na escola (Campello, 2012a; Campello, 2012b).

Sintetizando, a colaboração é fator necessário para sustentar o papel educativo do bibliotecário.

No próximo capítulo, gostaria de voltar ao tema do desenvolvimento de habilidades informacionais, explorando, especificamente, a etapa de educação infantil, a fim de mostrar que, desde pequenas, as crianças podem aprender habilidades informacionais durante o processo de pesquisa.

Referências

Campello, Bernadete. Elementos que favorecem a colaboração entre bibliotecários e professores. *In*: *Biblioteca escolar*: conhecimentos que sustentam a prática. Belo Horizonte: Autêntica, 2012b. p. 73-89.

Campello, Bernadete. O trabalho colaborativo entre bibliotecários e professores no desenvolvimento de habilidades informacionais. *In*: Campello, Bernadete. *Biblioteca escolar*: conhecimentos que sustentam a prática. Belo Horizonte: Autêntica, 2012a. p. 91-115.

Pereira, Gleice; Campello, Bernadete. Compreendendo a colaboração entre bibliotecário e professor: a contribuição dos estudos de Patricia Montiel-Overall e do Modelo TLC. *Brazilian Journal of Information Studies: Research Trends*, v. 10, n. 2, p. 4-13, 2016. Disponível em: http://www2.marilia.unesp.br/revistas/index.php/bjis/article/view/5491. Acesso em: 6 maio 2024.

Capítulo 9
Habilidades informacionais na educação infantil

Neste capítulo, tratarei das possibilidades de que crianças pequenas possam ter de aprender habilidades informacionais mesmo antes de serem alfabetizadas. Isso é importante porque a BNCC propõe que a criança, desde a educação infantil, seja preparada para pensar como pesquisador, para ter atitudes de pesquisador. As atitudes esperadas são ter curiosidade, saber observar, questionar, argumentar, fazer perguntas, tirar conclusões, buscar soluções para problemas. Essas características mostram que a criança está raciocinando como pesquisadora e está se apropriando do conhecimento.

O processo de aprendizagem dessas habilidades não se dá de forma espontânea e natural; precisa haver uma intencionalidade educativa, ou seja, devem ser planejadas atividades para que a criança possa passar pelo processo e, ao longo desse processo, desenvolver habilidades informacionais, de buscar, selecionar e usar informações.

Dois estudos mostraram como é possível desenvolver habilidades informacionais em crianças pequenas. Em um deles, uma pesquisadora canadense observou uma classe de dezoito alunos, de 4 a 5 anos, que desenvolviam, sob orientação da professora, um projeto sobre dinossauros (Campello, 2012). Usando uma metodologia etnográfica, a pesquisadora observou reações das crianças aos estímulos dados pela professora. Ela observou especificamente a linguagem das crianças, ou seja, como falavam sobre o projeto e sobre o que estavam aprendendo.

A pesquisadora partiu do pressuposto de que crianças nessa idade precisam usar mais livros informativos. Ela considerava que havia uma tendência dos professores de usarem mais livros de ficção com crianças na educação infantil, mas que elas poderiam, por meio do uso de livros informativos, desenvolver habilidades informacionais desde pequenas.

Os resultados confirmaram que as crianças adquiriram diversos conhecimentos usando livros informativos: entenderam a estrutura típica do livro informativo, a função do sumário (que indica o conteúdo do livro), sabiam que as páginas eram numeradas, que existiam tipos de livro (dicionários) que usavam ordem alfabética. É necessário esclarecer que a professora teve o cuidado de selecionar livros de várias categorias, organizados de maneiras diferentes, dando aos alunos oportunidade de adquirir conhecimentos em relação aos livros informativos, que constituíam o primeiro passo para entenderem a organização do conhecimento.

Além de aprender sobre livros informativos, as crianças desenvolveram habilidades com relação a linguagem. A pesquisadora observou, por exemplo, que elas passaram a dominar a linguagem específica dos textos sobre dinossauros, percebiam causa e efeito (porque os dinossauros haviam sido extintos), conseguiam relacionar os conhecimentos com suas experiências anteriores. Além disso, as crianças tiveram oportunidade de refletir sobre sua aprendizagem quando percebiam que, por exemplo, não sabiam aspectos que precisavam aprender; então aprenderam a tirar conclusões a partir do que liam.

A pesquisadora chamou atenção para a forma como a professora fez a mediação do processo, escolhendo livros variados, livros que interessavam as crianças, material adequado à idade delas e, principalmente, apoiando a aprendizagem, orientando o processo o tempo todo.

Um segundo estudo que confirmou a suposição de que crianças pequenas podem aprender habilidades informacionais é de um pesquisador britânico, que, a fim de entender como era o processo de aprendizagem por meio de livros informativos, observou uma classe de alunos de 6 anos enquanto desenvolviam um projeto de pesquisa (Wray, 2006). O foco da pesquisa era a leitura, na perspectiva de "ler para aprender". Ele também considerava que os professores usavam apenas livros de ficção e havia necessidade de levar as crianças a utilizarem livros informativos para aprender. O estudo usou a mesma metodologia de observação, com o pesquisador acompanhando as crianças ao longo de todo o processo, observando atentamente suas reações e como como ocorria a mediação.

Os alunos estavam pesquisando uma questão prática: o objetivo era escolher tipos de plantas para serem cultivadas em vasos que o diretor havia comprado para a escola. Os vasos seriam pendurados na varanda, e as crianças tinham que buscar informações sobre plantas adequadas para esse tipo de vaso. O pesquisador começou observando como a professora agiu durante o processo: inicialmente, por meio de conversas com as crianças, a professora mostrou o objetivo do projeto, ou seja, deixou claro para as crianças qual era a tarefa a ser desempenhada, definindo o que Carol Kuhlthau nomeia *foco* da pesquisa. A professora trabalhou na elaboração de um roteiro, uma estrutura de tópicos que as crianças deveriam abordar, propondo termos a serem usados para realizar a busca de informações, que eram principalmente relativos às características das plantas adequadas para o tipo de vaso existente. Assim, elas sabiam exatamente quais informações deveriam buscar.

O pesquisador observou que a professora buscava explorar conhecimentos e experiências anteriores das crianças que pudessem ajudar na busca de informações. Ele observou a forma como a professora mostrava concretamente a realização dessa busca de informações: por exemplo, as crianças não tinham experiência no uso da ordem alfabética, então a professora mostrava o índice de um livro e explicava como deveriam encontrar a palavra correta para então localizar a informação no corpo do livro.

A professora também estimulava a troca de ideias, que é importante no processo de pesquisa. Na escola, o professor costuma achar que, quando os alunos estão conversando, estão perdendo tempo, mas, muitas vezes, a troca de ideias, entre eles e com o mediador, é uma estratégia que ajuda a amadurecer a aprendizagem em determinado momento. É bom dar espaço para que as crianças peçam esclarecimentos e revelem as dificuldades que enfrentam. Nesse caso, a professora observou que, quando as crianças encontraram nomes latinos das plantas que não conheciam, buscaram ajuda da professora, que aproveitou para antecipar uma aprendizagem que era do interesse dos alunos.

O pesquisador observou também as diferentes estratégias de leitura que as crianças utilizavam. É bom lembrar que a aprendizagem pela pesquisa não só estimula o uso de fontes e o domínio de habilidades informacionais, mas também propicia a prática de diferentes modalidades de leitura. Nesse caso, as crianças mobilizaram habilidades para ler um texto de forma preliminar, para saber o que o texto continha, aprenderam a folhear o livro para encontrar informações específicas, a identificar a ideia principal do texto, a argumentar. Com o conhecimento adquirido com o uso das fontes, elas tinham mais segurança para argumentar, para tentar convencer de que determinada planta era melhor para ser plantada naquele tipo de vaso.

Penso que esses dois estudos reforçam os benefícios do uso da estratégia de aprendizagem pela pesquisa, da aprendizagem independente, para a mobilização de habilidades informacionais e de leitura. Os estudos evidenciam a necessidade de tempo para que o aluno leia, reflita, discuta e se aproprie de fato daquele conhecimento. Reforçam a importância da orientação, do apoio constante do mediador ao longo do processo para estimular e direcionar o aluno em sua aprendizagem.

No próximo capítulo, abordarei o papel educativo do bibliotecário. Penso que ficou claro que considero o bibliotecário como parceiro do professor na aprendizagem pela pesquisa, que demanda a ida dos alunos à biblioteca para buscar e usar informações. Quero, portanto, explorar essa ideia do bibliotecário como educador.

Referências

Campello, Bernadete. Aprendendo habilidades informacionais desde a educação infantil. *In*: Campello, Bernadete. *Bibliotecaescolar*: conhecimentos que sustentam a prática. Belo Horizonte: Autêntica, 2012. p. 119-138.

Wray, David. An Inquiry-Based Approach to Library Instruction. *School Libraries Worldwide*, v. 12, n. 2, p. 16-28, 2006.

Capítulo 10
A construção do papel educativo do bibliotecário

A ideia de um de papel educativo do bibliotecário pode parecer estranha, porque formalmente o bibliotecário não é professor. Entretanto, não se pode negar que, ao longo dos anos, o papel educativo desse profissional foi se conformando. Neste capítulo, explicarei como aconteceu a construção e legitimação desse papel e defenderei que o bibliotecário tem uma contribuição a dar à educação, assumindo a responsabilidade pelo desenvolvimento da competência informacional, além de sua função tradicional no que diz respeito à leitura.

O papel educativo do bibliotecário pode ser entendido por meio das ideias do filósofo espanhol Ortega y Gasset (1883-1955), que, em 1935, escreveu um texto bastante conhecido na área de Biblioteconomia, o *Missão do bibliotecário* (Ortega y Gasset, 2006). No texto, o autor afirma que a missão da biblioteca e do bibliotecário evoluiu à medida que a demanda que a sociedade fazia sobre o livro se modificava. Na Antiguidade, a missão do bibliotecário era *reunir livros*, porque eram objetos raros. Assim, bibliotecas como a de Alexandria no Egito e a de Pérgamo, na atual Turquia, buscavam adquirir o maior número possível de livros. Havia até certa rivalidade entre as duas, que almejavam reunir o maior acervo na época.

No século 16, com a invenção da imprensa, os livros passaram a ser objetos mais corriqueiros; as bibliotecas já tinham acervos maiores, e, nessa época, destaca-se a *função organizadora* da biblioteca. É quando surgem os sistemas de classificação, os códigos de catalogação, instrumentos que possibilitavam a organização apropriada dos livros, que tinham que ser encontrados dentro da biblioteca. (O Capítulo 26 deste livro tratará da organização das coleções.)

No século 19, o movimento da educação popular trouxe novos leitores para a biblioteca. Nessa época, impulsionado pela Revolução Industrial, o capitalismo já estava estabelecido como um sistema econômico predominante no Ocidente e havia necessidade de educar os trabalhadores para o serviço nas fábricas. Assim, ocorreu um movimento de educação popular, que foi marcante nos Estados Unidos e que teve influência nas bibliotecas públicas do país, quando elas passaram a receber leitores que não possuíam familiaridade com o mundo letrado. As bibliotecas públicas norte-americanas eram instituições avançadas nessa época e perceberam que os novos leitores precisavam de um atendimento especial. Assim, de forma pragmática, os bibliotecários das bibliotecas públicas norte-americanas criaram um serviço, que parecia algo muito simples: um bibliotecário, que tinha mais facilidade para lidar com o público, ficava disponível para ajudar os leitores a se localizar na biblioteca, escolher livros e encontrar informações. Era a forma embrionária do chamado *serviço de referência*, formalizado em 1876 em um congresso da American Library Association (ALA), que se consolidou na área de Biblioteconomia e ainda está presente formalmente nas bibliotecas, adaptado à realidade informacional do momento. A prática do serviço de referência marca o início da consolidação do papel educativo do bibliotecário.

A partir do século 20, principalmente após a Segunda Guerra Mundial, eclode o fenômeno da explosão bibliográfica, da enorme quantidade de informação. Atualmente, lida-se, além disso, com um universo informacional extremamente desorganizado e caótico, representado pela internet. Há não só uma quantidade, mas também uma variedade de tipos de fonte, de gênero, de portador, e, nesse momento, intensifica-se a responsabilidade do bibliotecário de ajudar os usuários a lidar com o complexo universo informacional. Surge o termo *competência informacional*, ou *letramento informacional*, que representa mais um passo na evolução do papel educativo do bibliotecário atualmente consolidado (Campello, 2010).

Essa consolidação pode ser observada a partir de dois aspectos. Primeiro, de pesquisas e estudos acadêmicos sobre o tema, que aproximam a Biblioteconomia da educação, trazendo conhecimentos relevantes para o bibliotecário que atua numa biblioteca escolar. O conhecimento biblioteconômico se integra às áreas de educação e psicologia, e oferece maior sustentação ao papel educativo do bibliotecário. Em segundo, do avanço das práticas educativas nas bibliotecas. Isso fica explícito quando, bibliotecários que desenvolvem essas práticas, as registram e compartilham, ajudando a consolidar o papel educativo desse profissional.

Um aspecto que precisa ser levado em conta é que o próprio bibliotecário tem pouca consciência de seu papel educativo. É comum que um bibliotecário diga que *orienta*, que *auxilia*, que *dá apoio* ao usuário, mas nunca diz que *ensina*. Em meus diálogos e interações com bibliotecários de escolas, quando lhes perguntava "o que vocês *fazem?*", eles respondiam com desenvoltura, descrevendo com riqueza de detalhes suas práticas com os alunos. Mas quando a pergunta era "o que vocês *ensinam?*", notava-se uma visível hesitação, revelando que esses profissionais não tinham clareza do que ensinavam nem reconheciam a legitimidade de seu papel educativo.

Um passo para superar esse problema seria a complementação da formação do bibliotecário escolar que deveria incluir conhecimentos básicos de pedagogia, especificamente metodologias de ensino, planejamento, avaliação, organização curricular, motivação, entre outros, o que proporcionaria mais confiança para o exercício de seu papel pedagógico.

Neste capítulo, ficou claro que a Biblioteconomia formalizou, desde o século 19, o papel educativo do bibliotecário, por meio do serviço de referência. Ao longo do tempo, houve a ampliação que permitiu a legitimação desse papel, dando ao bibliotecário condições de trabalhar lado a lado com o professor.

Nos capítulos anteriores, enfatizei, de diversas maneiras, a possibilidades de desenvolvimento de habilidades informacionais no âmbito da escola e da biblioteca. Nos próximos capítulos, tratarei da questão da leitura (tema que está intrinsecamente relacionado com a biblioteca), começando a explorar quais aspectos da leitura são de responsabilidade da biblioteca.

Referências

Campello, Bernadete. Del trabajo de referencia hacia la alfabetización informativa: la evolución del papel educativo del bibliotecario. *Investigación Bibliotecológica*, v. 24, n. 50, p. 83-108, enero/abril, 2010. Disponível em: http://rev-ib.unam.mx/ib/index.php/ib/article/view/21414. Acesso em: 16 abr. 2024.

Ortega y Gasset, José. *Missão do bibliotecário*. Brasília: Briquet de Lemos, 2006.

Capítulo 11
Leitura: que papel cabe à biblioteca escolar?

Neste capítulo, tratarei da seguinte a questão: qual é o papel da biblioteca no que se refere à leitura na escola? Nos capítulos anteriores, abordei a leitura, mas de forma indireta: por exemplo, ao tratar da pesquisa escolar, da busca de informação e elaboração de trabalhos pelos alunos, vimos que um dos fatores que dificultava o bom resultado do processo estava relacionado às deficiências em suas habilidades de leitura.

Atualmente, há a expectativa de que todos os professores, e não apenas o professor de Língua Portuguesa, devam se preocupar com a leitura dos alunos. A BNCC recomenda que cada professor dê aos alunos oportunidades de mobilizarem competências leitoras dentro de sua disciplina (Brasil, 2018, p. 134, 222). Assim, as questões de leitura na escola precisam ser bem definidas e a biblioteca, portanto, precisa explicitar sua parte, deixar claro seu papel.

Para entender esse papel, é preciso conhecer o princípio que embasa a Biblioteconomia, que é o princípio democrático. Essa ideia esteve sempre muito presente na Biblioteconomia norte-americana (que teve grande influência na Biblioteconomia brasileira), desenvolvendo nos bibliotecários a ideia de que o livro é um sustentáculo da democracia, que implica liberdade de pensamento, e, consequentemente, que todas as pessoas têm o direito de escolher o que leem. Assim, o princípio da liberdade de escolha está arraigado nas práticas dos bibliotecários e é concretizado na própria forma como a biblioteca é organizada. Na maioria das bibliotecas a coleção é aberta, o que, na Biblioteconomia, se chama de *livre acesso*, que permite que o leitor vá à estante e escolha o livro que quiser. A organização desses livros também reflete o princípio da liberdade de escolha: fisicamente, as bibliotecas são organizadas por assunto, para dar oportunidade ao leitor de encontrar vários livros sobre o tema em que esteja interessado. Assim, a liberdade de escolha, juntamente com o gosto pela leitura, são os princípios que sustentam a prática da leitura na biblioteca.

O depoimento de um bibliotecário, recolhido para a minha tese de doutorado, reflete a forma como a questão é tratada na biblioteca:

> Lá [na biblioteca da escola] todo o acervo é acessível. Todo o acervo é acessível pro menino. Não separamos. É classificado, ordenado, mas se ele quiser pegar o infantil, se quiser pegar um de literatura brasileira, estrangeira, ele fica à vontade pra poder ir nas estantes, tirar do lugar e até levar pra casa se quiser (Campello, 2009, p. 123).

Nota-se, na prática do bibliotecário, confiança nas escolhas de leitura feitas pelo leitor e respeito pelo seu gosto, representados em depoimentos de bibliotecários escolares:

> Eu tenho um [aluno] de 3ª série que leu *Crônicas de Nárnia*, dessa grossura. Eu fiquei abismada com o menino e pela complexidade da história, também. Então a gente às vezes subestima a

> capacidade dele. Então, por isso, eu também deixo ele assim (Campello, 2009, p. 123).
>
> [...] Um aluno meu da 4ª série queria ler um livro da 5ª, grossão... Deixei ele levar e quando ele voltou eu falei "E aí, você terminou de ler aquele livro? Você quer renovar? Você gostou? Me conta a história". "É ótimo!" E me contou a história toda. "Eu tô levando o 2". Falei "eu achava que ele não ia querer, que ele não ia gostar, ele já tá passando pro 2, já trouxe um coleguinha pra levar o 1 que ele tava devolvendo". Então a gente não pode estabelecer um preconceito em cima disso (Campello, 2009, p. 123).

Essas falas representam o papel de orientador de leitura de alguns bibliotecários. Entretanto, mais comumente o trabalho desses profissionais centra-se na *promoção da leitura*. Na ânsia de atrair o aluno, de trazê-lo para a biblioteca, ele se preocupa mais em desenvolver atividades de animação, que muitas vezes não aproximam o leitor do texto. Corre-se o risco, com as animações, de levar o aluno a pensar que ler é fácil. Ao contrário, leitura exige esforço, então o aluno precisa entender, desde pequeno, que tem que "enfrentar" o texto. Assim, o bibliotecário deveria se preocupar fundamentalmente com a *formação do leitor*. Ezequiel Teodoro da Silva, conhecido pesquisador da leitura no Brasil, que acredita na dimensão pedagógica do trabalho do bibliotecário, dizia que a biblioteca precisa parar com o "oba-oba" de atividades esporádicas e fazer da formação do leitor uma atividade constante na biblioteca (Silva, 1986, p. 75).

Levando em conta a liberdade de escolha e o gosto de ler, o envolvimento com a leitura tem que ser feito a partir do objeto livro, com o desenvolvimento de atividades aparentemente simples, mas que sejam planejadas e tenham continuidade (Kuhlthau, 2002). Alguns exemplos: levar as crianças à biblioteca para escolher livros e, nesse momento, falar sobre os livros novos da biblioteca. Crianças pequenas têm grande curiosidade, então irão gostar de conhecer novos livros, novas coleções. As coleções são especialmente atrativas, e as editoras estão se esmerando em produzir bons trabalhos nesse sentido.

Outra atividade recomendada para propiciar o contato prazeroso com o livro: falar sobre as partes do livro, chamar atenção para a capa, para a folha de rosto, para o nome do autor, familiarizando a criança com o objeto e seu conteúdo. Outra atividade para aproximar a criança do objeto livro é a leitura por capítulo. Para as crianças que ainda não têm a capacidade de ler um livro inteiro, o mediador lê um capítulo, parando em momentos interessantes a fim de manter a curiosidade para a continuação no próximo encontro.

A leitura em voz alta, por leitores competentes, prepara a criança para dominar características da leitura, como os movimentos, da esquerda para a direita, de cima para baixo, a existência de ilustrações, de palavras que ela já é capaz de ler, se for uma criança em fase de alfabetização. Esse tipo de atividade pode envolver os pais ou responsáveis e alunos mais adiantados, que dominam a leitura e que, em seu tempo livre, se voluntariam para ler. A aproximação física da criança com o livro durante a leitura em voz alta vai prepará-la para criar seu percurso de leitor, para ler com autonomia. A biblioteca pode coordenar o projeto e envolver diversas turmas da escola.

Parece simples a ação de aproximar a criança do texto. Mas isso exige que o mediador conheça os interesses de cada criança e de sua capacidade leitora. Ele tem que possuir sensibilidade para fazer as indicações de leitura, ação fundamental na biblioteca: oferecer ao leitor o livro certo. Entendo que esse tipo de atividade não é muito "glamoroso", poucas pessoas a percebem. Eventos como semana do livro, encontro com escritores, gincana com distribuição de prêmios, enfim, atividades de dinamização, de animação, são mais notadas na escola. E a ação de indicar o livro certo para o leitor não se destaca, mas é essencial para a sua formação.

O projeto de uma bibliotecária australiana que começou a trabalhar na biblioteca de uma escola e queria conhecer as preferências de leitura dos alunos é exemplo de ação planejada e em longo prazo. Ela deu para cada aluno um caderno onde ele anotava os livros que pretendia ler durante o semestre letivo. Baseando-se no princípio da liberdade de escolha (cada aluno podia escolher quais e quantos livros quisesse), ela pode perceber preferências e identificar leitores assíduos e renitentes. E desenvolver ações adequadas para cada caso. O projeto envolvia os pais, que acompanhavam as leituras, e os professores, que estimulavam os alunos a elaborar resenhas e falar sobre os livros. Isso exige uma atitude sensível dos mediadores.

Ao exemplificar essas atividades, estou propondo uma mudança de foco na questão da leitura na biblioteca: que o bibliotecário se preocupe menos com a dinamização e busque conhecer mais a *motivação* para a leitura. Se o foco da ação do bibliotecário com relação a leitura na escola é o envolvimento do aluno com o livro, formar o leitor competente, ele precisa saber o que motiva os alunos a ler.

No próximo capítulo, pretendo explorar a questão da motivação para leitura, considerando que existem estudos que tratam dessa questão e podem oferecer sustentação para as práticas de leitura desenvolvidas na biblioteca.

Referências

Brasil. Ministério da Educação. *Base Nacional Comum Curricular*. Brasília: Secretaria de Educação Básica, 2018. Disponível em: http://basenacionalcomum.mec.gov.br/abase/. Acesso em: 25 mar. 2024.

Campello, Bernadete. *Letramento informacional no Brasil: práticas educativas de bibliotecários em escolas de ensino básico*. 2009. 208 f. Tese (Doutorado em Ciência da Informação) – Programa de Pós-Graduação em Ciência da Informação, Universidade Federal de Minas Gerais, Belo Horizonte, 2009. Disponível em: https://repositorio.ufmg.br/handle/1843/ECID-7UUPJY. Acesso em: 25 mar. 2024.

Kuhlthau, Carol. *Como usar a biblioteca na escola*: um programa de atividades para o ensino fundamental. Tradução e adaptação de Bernadete Campello e outros. Belo Horizonte: Autêntica, 2002.

Silva, Ezequiel. A dimensão pedagógica do trabalho do bibliotecário. *In*: *Leitura na escola e na biblioteca*. Campinas: Papirus, 1986. p. 67-83.

Capítulo 12
Motivação para ler

No capítulo anterior, abordei o papel da biblioteca no que diz respeito à leitura na escola, buscando mostrar que o bibliotecário deve definir com clareza esse papel. Em suas origens, a biblioteca está voltada principalmente para a leitura livre, para o gosto de ler, oferecendo ao leitor possibilidades de escolher suas leituras. O objetivo é levar as pessoas a se envolver com a leitura e gostar de ler. Chamei atenção para as práticas correntes dos bibliotecários nas escolas, mais voltadas para a dinamização, para tornar a leitura algo lúdico e propus que, em vez de ter o foco na dinamização, o bibliotecário passe a se preocupar com a motivação. O conhecimento sobre motivação para a leitura é que vai dar sustentação mais robusta para as práticas de leitura na biblioteca.

Pesquisas sobre motivação para a leitura são recentes. No Brasil, não há muitos estudos, mas em Portugal há pesquisas que estão definindo com mais clareza os fatores que influenciam o gosto pela leitura (Morais, 1999). O entendimento desses fatores pode contribuir para embasar bons programas de leitura na biblioteca.

Por um lado, o primeiro fator que surge nesses estudos é a *competência linguística*. Significa que quem lê bem, geralmente gosta de ler e, em consequência lê mais: é um círculo virtuoso. Por outro lado, quem lê mal não gosta de ler e lê menos. Assim, é preciso estimular o círculo virtuoso para que os alunos possam ler melhor e, portanto, ler mais. É claro que a biblioteca não é lugar de aprender a ler, mas pode ter espaço no apoio a atividades de melhoria da competência leitora. Um exemplo: a biblioteca pode coordenar programas de leitura, que, em Portugal, são chamados "leitura a par", quando o leitor mais competente lê para o leitor iniciante ou com dificuldade de ler. Esses programas costumam ter a participação voluntária de pais que têm tempo para contribuir com a escola e pode ser realizado em grupos ou individualmente. Pode envolver alunos mais velhos que se disponham a ler para os mais novos, constituindo oportunidade para o reconhecimento da competência leitora desses alunos. A biblioteca ajudaria na escolha dos livros e forneceria espaços agradáveis para abrigar essas atividades. É claro que isso envolve a questão do tempo escolar, mas é necessário encontrar maneiras de realizar atividades diversificadas e adequadas aos diferentes estágios de leitura dos alunos.

O segundo fator evidenciado nas pesquisas de motivação para a leitura é a *curiosidade*, que está mais relacionada a crianças menores, que precisam de oportunidades de acesso a uma boa coleção e de atividades apropriadas. Por exemplo, o mediador deve falar sobre livros todas as vezes que as crianças forem à biblioteca, aproveitar o tempo para contar sobre novos livros, sobre algum autor especial ou assunto de que possam gostar. Essa oportunidade não deve ser perdida; é necessário levar em conta o fator curiosidade das crianças pequenas.

Outro fator motivador da leitura é o *interesse*. Nesse caso, é necessário que o mediador conheça o leitor. E isso pode ser difícil, dependendo de diversos aspectos. Uma solução ampla é o oferecimento diversificado de materiais, de forma a atender a todos os gostos. Mas, para exercer a função de indicar livros, de orientar cada leitor na escolha de livros, a fim de que ele leia mais e melhor e, mais tarde, seja capaz de escolher livros com autonomia, o bibliotecário deve estar atento, e dialogar, sempre que possível, com os leitores.

Na questão do interesse está inserida a leitura como refúgio, quando a criança ou o jovem busca nos livros apoio, relaxamento ou ajuda para uma inquietação. Reforça-se, nesse caso, a necessidade de uma boa coleção e o oferecimento de um espaço adequado, tranquilo para uma leitura relaxante.

Outro fator que se tem evidenciado nos estudos sobre motivação para a leitura é o *reconhecimento*, ou seja, a criança e o jovem querem ser reconhecidos como bons leitores. Nesse caso, um elogio é suficiente; não é preciso distribuir elogios "a torto e a direito", mas fazê-lo no momento certo, quando o mediador percebe que o leitor fez esforço para ler um livro difícil e fez uma leitura bem-feita.

Pode-se falar também no *desafio* como fator motivador, pois a criança e o jovem gostam de ser desafiados a mostrarem que são bons leitores. Nesse caso, pode ser o momento de promover um concurso de leitura, uma premiação, mas é importante que isso seja dosado, não pode ser atividade regular da biblioteca, porque seria um estímulo para a motivação extrínseca, ou seja, o aluno lê para receber recompensas externas. Então, esse tipo de atividade deve ser esporádico, levando em consideração que a formação de leitores não deve se basear em recompensas externas.

Outro fator é a *valorização da leitura*. O mediador deve mostrar que valoriza a leitura, tem que servir de exemplo, pois há concordância de que ele só será um bom mediador se gosta e pratica a leitura (Cardoso; Cambuta; Cardoso, 2016).

É claro que esse exemplo deve vir inicialmente da família. Sabe-se que o contato com o livro desde cedo é fator importante para se formar o leitor, sendo a família fundamental para propiciar esse contato (Dalto, 2019). O hábito dos pais de ler para os filhos à noite é um exemplo. É o que se chama em inglês *bedtime story*, prática estudada mais frequentemente na área de psicologia. Entretanto, estudos recentes têm evidenciado que a prática na família, de contar histórias para as crianças na hora de ir para a cama, propicia outros benefícios além daquele de fazer a criança se acalmar para dormir. Há um fator cognitivo relacionado ao aperfeiçoamento da linguagem, a saber: aumento de vocabulário, melhoria da compreensão leitora e de capacidades narrativas (Writer, 2018). No Brasil esse hábito é pouco difundido: poucas famílias têm o costume de contar histórias para as crianças na hora de dormir. E, atualmente, a leitura está sendo substituída pelo uso de *tablets* e celulares. Portanto, a escola tem que suprir essa carência e trabalhar com a valorização da leitura.

Nesse sentido, outro fator é a leitura como *investimento*, ou seja, o aluno precisa perceber que ser um bom leitor vai ajudar em sua formação para o resto da vida, ou seja, que a leitura é um benefício de longo prazo.

Finalmente, deve-se levar em conta o fator *interação social*. Ler é, em si, um ato solitário: o leitor precisa enfrentar o texto sozinho, mas a leitura pode ser compartilhada. Há um momento em que o leitor se abre ao diálogo e tem oportunidade de conversar a respeito de suas interpretações e dúvidas sobre o texto (Yunes, 2002, p. 37). Diversas atividades podem permitir interações em torno da leitura. O antigo *clube de leitura* é uma prática que combina com a biblioteca. Os mediadores da biblioteca podem articular grupos, reunindo os alunos, na hora do recreio ou no contraturno, para discutir autores preferidos ou leituras que fizeram. Se a biblioteca tem um sistema de informação integrado a uma rede social interna, as crianças podem fazer resenhas de livros, indicar e comentar livros que leram, dinamizando a prática de conversar sobre livros, usando um meio que apreciam. Os jovens, principalmente, devem ter acesso a *booktubers* competentes, que fazem crítica literária de qualidade, que recomendam bons livros. São possibilidades de troca de experiências com livros que motivam a leitura.

Por fim, observa-se que a motivação para ler é "flutuante". Estudos têm mostrado que as crianças, ao longo de sua escolarização, vão perdendo o interesse pela leitura. Por isso, insisto que crianças pequenas devam estar em contato constante com a leitura e com os livros, tendo acesso a diversos tipos de texto, construindo um universo de leitura amplo que possa sustentar seu interesse ao longo da vida escolar e além.

Tentei mostrar que o trabalho com a leitura deve se basear na motivação para ler, lembrando que ela é algo complexo, que envolve aspectos cognitivos, emocionais e sociais, que precisam ser levados em consideração nas práticas de leitura na escola. A formação de leitores envolve mais do que dinamização; envolve primeiramente entender o que os leva a ler. O entendimento da motivação para a leitura irá fazer com que as atividades de leitura na biblioteca constituam um trabalho constante, sistemático, persistente.

Entendo que o trabalho de oferecer boas leituras, de estar atento às preferências de cada leitor, de perceber seus esforços para ler e elogiá-lo no momento certo não coloca a biblioteca em evidência. Eventos como encontros com escritores, concursos, premiações, gincanas são mais propensos a dar visibilidade à biblioteca na escola. Mas o compromisso é fundamentalmente com a formação do leitor, e, para tanto, é necessário desenvolver práticas diárias, contínuas e persistentes de leitura.

Finalizando, ressalto que atividades de dinamização não precisam ser banidas da biblioteca. Entretanto, devem ter objetivos claros, serem bem planejadas e sustentadas por princípios teóricos adequados. Como é o caso do projeto de contação de história ocorrido em uma escola pública do Distrito Federal (Oliveira, 2016). Ouvir histórias propiciou às crianças diversas experiências leitoras, abrindo espaço subjetivo para a imaginação, dando acesso às múltiplas significações do texto, introduzindo as crianças no papel de ouvintes, constituindo, portanto, um passo decisivo na formação de leitores.

No próximo capítulo, pretendo abordar a questão da avaliação. Já que estamos falando da biblioteca com um espaço de aprendizagem, temos que pensar na avaliação das aprendizagens que ali ocorrem. É preciso explorar maneiras de verificar como os alunos estão assimilando as habilidades informacionais, o processo de pesquisa e as habilidades de leitura aprendidas na biblioteca.

Referências

Cardoso, Aline C. R.; Cambuta, Aristides J. Y.; Cardoso, Marina V. O professor leitor e as implicações desta prática no ensino-aprendizagem escolar. *Revista Magistro*, Unigranrio, v. 1, n. 13, 2016. Disponível em: https://www.academia.edu/42456057/O_professor_leitor_e_as_implica%C3%87%C3%95es_desta_pr%C3%81tica_no_ensino_aprendizagem_escolar. Acesso em: 27 mar. 2024.

Dalto, Vanessa L. A inserção da criança ao mundo da leitura: a importância dos estímulos familiares na formação do leitor. *Revista de Letras*, Curitiba, v. 21, n. 34, 2019. Disponível em: https://periodicos.utfpr.edu.br/rl/article/view/7992. Acesso em: 27 mar. 2024.

Morais, José. Preparar para leitura: ver e ouvir ler. *Perspectiva*, Florianópolis, v. 17, n. 31, p. 71-90, 1999. Disponível em: https://periodicos.ufsc.br/index.php/perspectiva/article/view/10733. Acesso em: 27 mar. 2024.

Oliveira, Paula G. A contação de história e teatralização das narrativas: versões e sub(versões) da literatura na escola *In*: ABRALIC, 15., 2016. *Experiências literárias textualidades contemporâneas*. Disponível em: https://abralic.org.br/anais/arquivos/2016_1491524265.pdf. Acesso em: 27 mar. 2024.

Writer, Sharon. The bedtime story: a new chapter. *Indian Journal of Health and Wellbeing*, v. 9, n. 1, p. 155-157, 2018. Disponível em: https://www.researchgate.net/profile/Sharon-Writer/publication/324506782_The_Bedtime_Story_A_New_Chapter/links/5b0093d44585154aeb0529d9/The-Bedtime-Story-A-New-Chapter.pdf. Acesso em: 27 mar. 2024.

Yunes, Eliana. Leitura, a complexidade do simples: do mundo à letra e de volta ao mundo. *In*: Yunes, Eliana (Org.). *Pensar a leitura*: complexidades. Rio de Janeiro; São Paulo: PUC-Rio; Loyola, 2002. p. 13-51.

Capítulo 13
Avaliando a aprendizagem de habilidades informacionais

Neste capítulo, vamos abordar o tema avaliação da aprendizagem, que constitui uma prática pouco comum em bibliotecas. Se estamos tratando da biblioteca como espaço de aprendizagem, então é natural que haja preocupação em verificar se a aprendizagem está, de fato, ocorrendo. Na Biblioteconomia, existe a prática de avaliar serviços e há literatura consolidada sobre o tema. O autor mais importante na área é o professor Frederick Lancaster, autor do livro *Avaliação de serviços de bibliotecas* (Lancaster, 1996) um clássico na Biblioteconomia. A prática de avaliação de serviços reflete o lado gerencial da profissão, mas a Biblioteconomia carece de metodologias formalizadas para avaliar aprendizagem. Diferentemente do professor, que avalia constantemente a aprendizagem, por meio de provas, exames e testes, o bibliotecário não costuma realizar esse tipo de atividade. Quando fiz uma pesquisa sobre práticas educativas dos bibliotecários, percebi que eles não tinham costume de fazer avaliações formais e sistemáticas (Campello, 2009, p. 157). Geralmente observavam se os alunos tinham gostado de determinada atividade, o que Frederick Lancaster denomina *avaliação da reação dos participantes*.

Os bibliotecários buscavam saber se os alunos, professores ou pais tinham gostado da atividade desenvolvida. Notava-se, pela forma como se referiam à avaliação, que era uma prática baseada em subjetividade. Eles diziam: "eu *sinto* que os trabalhos melhoraram", "eu *percebo* que as coisas mudaram", mas não conseguiam explicar objetivamente, concretamente essas melhoras e mudanças. O processo não era formalizado ou sequer registrado. Portanto, mudanças positivas não eram concretamente percebidas, e, consequentemente não havia visibilidade do trabalho pedagógico da biblioteca.

Algumas metodologias de avaliação do trabalho educativo da biblioteca começam a aparecer. Neste capítulo, pretendo apresentar aquelas que avaliam o desenvolvimento de competências informacionais, de habilidades de pesquisa e uso de informação. No próximo capítulo, tratarei da avaliação do desenvolvimento da leitura.

Para a avaliação da aprendizagem de habilidades informacionais, de pesquisar, de seguir os passos da pesquisa, há diversas sugestões descritas no livro *Como orientar a pesquisa na escola* (Kuhlthau, 2010). Sabemos que Carol Kuhlthau enfatiza a avaliação do processo, ou seja, quando o aluno realiza uma pesquisa solicitada pelo professor e, por meio do processo, tem oportunidade de aprender habilidades informacionais além do conteúdo estudado, não só o trabalho final deve ser avaliado, mas também o próprio processo precisa ser objeto de avaliação.

Carol Kuhlthau recomenda uma avaliação formativa, que não é feita por meio de provas, exames, ou testes, terminando em uma nota. A avaliação recomendada é feita ao longo do processo, constituindo uma autoavaliação, que leva o estudante a refletir sobre sua aprendizagem durante o processo. Com o apoio dos mediadores, os alunos vão avaliando seu desempenho, levando em consideração os sentimentos de satisfação ou de desapontamento, que podem ser um indicador para entender a aprendizagem que ocorre em determinado momento do processo. Carol Kuhlthau também sugere que se observe se o estudante conseguiu definir o foco do trabalho, ou seja, se sabe claramente qual o seu objetivo. Conversando e refletindo sobre as condições que teve de definir um bom foco para o seu trabalho, ele entenderá o motivo de seu êxito ou de suas falhas e poderá corrigi-las em futuras tarefas.

Outro aspecto a ser avaliado é o uso do tempo, também por meio de diálogo com o mediador. Carol Kuhlthau deixa claro que o uso do tempo ao longo do processo é variado: há momentos em que ações são necessárias, como buscar fontes, fazer leituras, tomar notas, mas, em outros momentos, o estudante deve relaxar e refletir sobre o que está aprendendo.

O uso das fontes também deve ser avaliado: os alunos precisam saber que as fontes de informação são usadas de acordo com a etapa da pesquisa. Não podem correr para a internet e fazer uma pesquisa apressada no Google, usando o que "cair na rede". Eles têm que entender que, em determinado momento, vão precisar usar fontes gerais e depois fontes específicas, adequando as fontes à etapa da pesquisa.

Carol Kuhlthau recomenda também que os alunos reflitam sobre o apoio dos mediadores. Os estudantes tendem a ser independentes, achar que podem fazer o trabalho sozinhos, mas precisam ser levados a refletir sobre as vantagens de ter orientação no momento certo e se seu trabalho foi prejudicado por deixarem de recorrer aos mediadores durante o processo.

Algumas estratégias que ajudam a formalizar e facilitar a reflexão sobre o processo são a *linha do tempo* e o *fluxograma*. São técnicas simples que dão visibilidade ao processo, e permitem identificar com mais precisão os sentimentos, os pensamentos e as ações ocorridas, concretizando o percurso do aluno. Percebe-se que esse tipo de avaliação é feito principalmente por meio de diálogo com os mediadores. Carol Kuhlthau sugere que esse diálogo seja formalizado, por exemplo, por meio de reuniões com os mediadores, ocasião em que os alunos têm oportunidade de ter apoio individualizado para prosseguir no trabalho.

Finalmente, Carol Kuhlthau recomenda a redação de uma síntese do trabalho: em um parágrafo, o aluno deve sintetizar sua pesquisa. A facilidade para redigir a síntese demonstrará se ele teve um bom foco, se escolheu bem o assunto, se deliminou bem o tema. Resumindo, a avaliação proposta por Carol Kuhlthau é nitidamente formativa, tendo como base a reflexão sobre a aprendizagem, que é centrada nos processos, e não apenas nos resultados.

Carol Kuhlthau desenvolveu uma metodologia específica para a avaliação de habilidades informacionais, que complementa as recomendações do livro *Como orientar a pesquisa na escola*. A School Library Impact Measure (Slim) (Todd; Kuhlthau; Heinström, 2012) é uma autoavaliação, em que o aluno reflete e avalia seu desempenho em três pontos do processo: no início, no meio e no final, preenchendo uma ficha com perguntas abertas. No início e no meio do trabalho, as perguntas são:
- Pense no teu tema e descreva o que já sabe sobre ele.
- Em que medida você está interessado(a) neste tema?
- O que sabe sobre este tema?

- Quando você faz um trabalho de pesquisa, o que geralmente acha fácil?
- Quando você faz um trabalho de pesquisa, o que geralmente acha difícil?

No final, a ficha inclui mais uma questão:

- O que você aprendeu ao realizar este processo de pesquisa?

A partir dessas questões, alunos e mediadores terão clareza se houve avanços na aprendizagem dos conteúdos e do processo. É uma estratégia de avaliação formativa, baseada em teorias que consideram o aluno sujeito de sua aprendizagem. Jean Piaget e David Ausubel são estudiosos reconhecidos da chamada aprendizagem significativa. Ambos realizaram estudos que revelaram que a aprendizagem depende de conhecimentos prévios dos alunos e de sua interatividade com o meio, que resultam em conhecimentos significativos (Caliani; Bressa, 2017).

Outra perspectiva de avaliação é apresentada no documento *Modelo de avaliação da biblioteca escolar*, da Rede de Bibliotecas Escolares de Portugal (Portugal, 2018). É uma proposta de avaliação mais abrangente, de responsabilidade do *professor bibliotecário*,[4] com a coordenação da direção da escola e a participação e envolvimento da comunidade escolar. A avaliação abrange quatro domínios: (a) *Currículo, literacias e aprendizagem*; (b) *Leitura e literacia*; (c) *Projetos e parcerias*; (d) *Gestão da biblioteca escolar*.

Os domínios *Currículo, literacias e aprendizagem* e *Leitura e literacia* dizem respeito à influência da biblioteca em

---

[4] Na Rede de Bibliotecas Escolares de Portugal, os responsáveis pelas bibliotecas são professores, que recebem treinamento formal como bibliotecários.

aspectos curriculares e de aprendizagem. O domínio *Projetos e parcerias* avalia as ações da biblioteca no estabelecimento de cooperação com outras bibliotecas e escolas e na interação com os pais. No domínio *Gestão da biblioteca escolar*, é avaliada a atividade de gestão dos serviços e dos recursos da biblioteca, verificando seu funcionamento e sua capacidade de responder às necessidades dos usuários e da escola.

Para embasar a avaliação, o documento inclui indicadores a serem avaliados e detalha, para cada um, os fatores críticos de sucesso. Pode-se perceber que este modelo não avalia individualmente a aprendizagem de habilidades informacionais. Isso é feito de forma indireta, avaliando-se a repercussão que as atividades realizadas pela biblioteca têm no processo de ensino e na aprendizagem. O modelo amplia o processo de avaliação, ao propor analisar o grau de eficiência e de eficácia dos serviços prestados pela biblioteca e o nível de satisfação dos usuários, constituindo um princípio de boa gestão, além de instrumento de desenvolvimento, planejamento e melhoria contínua.

Neste capítulo, apontei algumas possibilidades de avaliação a serem usadas na biblioteca, principalmente para avaliar aprendizagens ocorridas como resultado de sua ação. A prática da avaliação formalizada não só esclarece até que ponto a missão e os objetivos da biblioteca estão ou não sendo alcançados, identificando pontos fortes e fracos, como também contribui para o reconhecimento de seu valor.

Assim, é preciso inicialmente criar uma cultura de avaliação, começando por estabelecer objetivos claros para a biblioteca como um todo, para cada serviço e atividade a ser realizada. Isso constitui a base para uma avaliação eficaz, que funcione como instrumento de gestão na busca de recursos e na melhoria da atuação da biblioteca.

Continuando essa trajetória, no que diz respeito à avaliação, pretendo tratar no próximo capítulo da avaliação da leitura. Considerando o papel primordial da biblioteca na formação do leitor, é necessário levantar possibilidades de avaliação desse aspecto em particular.

Referências

Caliani, Fernanda Miranda; Bressa, Rebeca de Carvalho. Refletindo sobre a aprendizagem: as teorias de Jean Piaget e David Ausubel. *Colloquium Humanarum*, v. 14, n. especial, p. 671-677, jul./dez., 2017. Disponível em: https://pdfs.semanticscholar.org/66f8/16b4eb71d884a4e9eec7caf7b97808735cb4.pdf. Acesso em: 27 mar. 2024.

Campello, Bernadete Santos. *Letramento informacional no Brasil: práticas educativas de bibliotecários em escolas de ensino básico*. 2009. 208 f. Tese (Doutorado em Ciência da Informação) – Programa de Pós-Graduação em Ciência da Informação, Universidade Federal de Minas Gerais, Belo Horizonte, 2009. Disponível em: https://repositorio.ufmg.br/handle/1843/ECID-7UUPJY. Acesso em: 27 mar. 2024.

Kuhlthau, Carol. Avaliação do processo. *In*: Kuhlthau, Carol. *Como orientar a pesquisa escolar*: estratégias para o processo de aprendizagem. Tradução e adaptação de Bernadete Campello e outros. Belo Horizonte: Autêntica, 2010. p. 225-246.

Lancaster, Frederick W. Avaliação da instrução bibliográfica. In: Lancaster, Frederick W. *Avaliação de serviços de bibliotecas*. Brasília: Briquet de Lemos, 1996. p. 226-262.

Portugal. Ministério da Educação. *Modelo de avaliação da biblioteca escolar*. Lisboa: RBE, 2018. Disponível em: https://www.rbe.mec.pt/np4/%7B$clientServletPath%7D/?newsId=116&fileName=978_989_8795_09_0Print.pdf. Acesso em: 27 mar. 2024.

Todd, Ross; Kuhlthau, Carol; Heinström, Jannica. *Avaliação do impacto da biblioteca escolar*. Lisboa: RBE, 2012. (Biblioteca RBE). Disponível em: https://www.rbe.mec.pt/np4/file/673/02_bibliotecarbe.pdf. Acesso em: 27 mar. 2024.

Capítulo 14
Avaliando a formação do leitor

Neste capítulo trataremos da avaliação da leitura, lembrando inicialmente que ela pode ser feita em várias perspectivas. Há metodologias como o Programa Internacional de Avaliação de Estudantes (Pisa) (Brasil, 2020) e o Sistema de Avaliação da Educação Básica (Saeb) (Brasil, 2022), que são medições feitas em larga escala, destinadas principalmente a embasar políticas públicas de educação. Outro exemplo é o *Retratos da leitura no Brasil* (Instituto, 2019), que avalia especificamente o comportamento leitor do brasileiro.

Outra perspectiva é a avaliação individual, que mede aspectos cognitivos, como a capacidade leitora ou dificuldades de leitura. E como avaliar a leitura na biblioteca levando em consideração que, nesse ambiente, ela é focada no gosto de ler, no envolvimento com a leitura? Como saber se os alunos estão lendo mais e melhorando suas leituras?

Avaliações quantitativas, como registrar o número de empréstimos feitos na biblioteca durante determinado período, podem indicar se houve aumento geral na quantidade de livros lidos, mas esse resultado é frágil porque, na verdade, não se sabe se os alunos de fato leram os livros que tiraram emprestados.

Avaliação feita com base na percepção dos mediadores é uma forma usual de avaliar progressos na leitura dos alunos, mas têm também limitações. Esse tipo de avaliação, além de apresentar um aspecto subjetivo, depende do grau de envolvimento do respondente (pai/responsável) com o desempenho do aluno na escola. Um trabalho desse tipo foi realizado pela bibliotecária (com a colaboração de uma pesquisadora) de uma escola com alunas de nível socioeconômico baixo, com idade entre 11 e 18 anos, em um bairro na periferia de Belfast, na Irlanda do Norte (Fodale; Bates, 2011). O estudo tinha como objetivo principal avaliar a eficácia da biblioteca em termos de resultados, e um dos resultados pesquisados foi o progresso em leitura das alunas. Isso foi feito principalmente por meio de questionários respondidos pelos pais/responsáveis.

Algumas questões foram feitas na forma de afirmativas a serem marcadas em escala Likert,[5] como a seguir.

- Minha filha gosta de ler.
- Minha filha fica feliz quando é vista lendo.
- Na biblioteca da escola, minha filha é encorajada a falar sobre seus livros preferidos.
- À medida que cresce, ela lê livros mais difíceis.
- A linguagem da minha filha está melhorando e se ampliando.
- A autoconfiança de minha filha aumentou como resultado de suas leituras.
- Minha filha está mais reflexiva e criativa como resultado de suas leituras.

---

[5] A escala Likert é usada em pesquisas de opinião, quando os respondentes especificam seu nível de concordância em relação a uma afirmativa.

- Minha filha, por meio da leitura e de atividades relacionadas, está desenvolvendo novos interesses.
- Por meio da leitura e atividades relacionadas, minha filha está fazendo novos amigos e contatos.

As cinco últimas perguntas mostraram resultados que as atividades de leitura na biblioteca podem favorecer.

No caso de atividades específicas de leitura, como semana do livro, gincana, concurso, premiação, encontro com o escritor, tais atividades devem ser avaliadas ao final, de acordo com os objetivos propostos. Mesmo que seja feita por meio de observação e registro, o importante é avaliar o resultado da atividade, e não apenas perguntar se os alunos *gostaram*, a chamada *reação dos participantes*.

É preciso criar uma cultura de avaliação na biblioteca, instituindo práticas sistemáticas, registradas e divulgadas, que possibilitem melhorar as atividades e aperfeiçoar as ações da biblioteca, mas também para que fique claro, para a comunidade escolar, o papel da biblioteca com relação a leitura e à formação do leitor.

Até aqui tenho abordado a biblioteca escolar como espaço de aprendizagem, focalizando sua função educativa. Essa é a biblioteca ideal, que está nos manuais, nas diretrizes, nos padrões para as bibliotecas escolares. Mas é preciso ter um olhar abrangente e entender que a biblioteca é um espaço complexo, um lugar de múltiplas dimensões. Assim, no próximo capítulo, que encerra a primeira parte deste livro, eu gostaria de abordar esta questão: as múltiplas dimensões da biblioteca.

Referências

Brasil. Instituto Nacional de Estudos e Pesquisas Educacionais Anísio Teixeira. *Brasil no Pisa 2018*. Brasília: Inep 2020. 185 p. Disponível em:

https://download.inep.gov.br/publicacoes/institucionais/avaliacoes_e_exames_da_educacao_basica/relatorio_brasil_no_pisa_2018.pdf. Acesso em: 27 mar. 2024.

Brasil. Instituto Nacional de Estudos e Pesquisas Educacionais Anísio Teixeira. *Sistema de Avaliação da Educação Básica – Saeb: Apresentação*. Brasília: Inep, 2022. Disponível em: https://www.gov.br/inep/pt-br/areas-de-atuacao/avaliacao-e-exames-educacionais/saeb. Acesso em: 27 mar. 2024.

Fodale, Francesca; Bates, Jessica. What is the impact of the school library on pupils' personal development? A case study of a secondary school in Northern Ireland. *School Libraries Worldwide*, v. 17, n. 2, p. 99-113, july 2011. Disponível em: https://journals.library.ualberta.ca/slw/index.php/slw/article/view/6821. Acesso em: 27 mar. 2024.

Instituto Pró-Livro. *Retratos da leitura no Brasil*. 5. ed. São Paulo, 2019. Disponível em: https://www.prolivro.org.br/5a-edicao-de-retratos-da-leitura-no-brasil-2/apresentacao/. Acesso em: 27 mar. 2024.

Portugal. Ministério da Educação. *Modelo de avaliação da biblioteca escolar*. Lisboa: RBE, 2018. Disponível em: https://www.rbe.mec.pt/np4/%7B$clientServletPath%7D/?newsId=116&fileName=978_989_8795_09_0Print.pdf. Acesso em: 27 mar. 2024.

Capítulo 15
As múltiplas dimensões da biblioteca escolar

Neste capítulo, amplio a perspectiva da biblioteca escolar, a fim de entendê-la além de um espaço de aprendizagem, mas, a partir das experiências que ali são vivenciadas, compreendê-la como um lugar de múltiplas dimensões. Pesquisas nesse sentido revelam a biblioteca escolar como um espaço "poroso", isto é, que muda de significados, dependendo das experiências que ali ocorrem.

Um estudo realizado em sete bibliotecas da Suécia, por Louise Limberg e Mikael Alexandersson, revelou diversas dimensões da biblioteca escolar, partindo da observação da maneira como alunos buscavam informações para os seus trabalhos escolares. Por um lado, além de espaço que reúne livros e serve para encontrar informações, papel tradicional da biblioteca, os pesquisadores observaram, nas bibliotecas estudadas, uma dimensão de lazer e de refúgio, quando os alunos a frequentavam para escapar da sala de aula, ter um momento de liberdade para conversar com colegas, ler um livro de sua escolha, sentados em sofás e pufes. Por outro lado, no estudo dos pesquisadores suecos, ordem rígida e silêncio também se revelaram como dimensão evidente da biblioteca, pois os mediadores constantemente pediam silêncio e chamavam atenção para as normas a serem seguidas no local (Campello, 2012).

Em 2006, fiz a seguinte pergunta para os alunos de sétima série de duas escolas (uma pública e uma privada) com boas bibliotecas[6]: "Como a biblioteca te ajuda?". Os alunos deveriam responder por meio de um texto livre.[7] A análise desses textos fez emergir diversas dimensões da biblioteca escolar.

A primeira delas mostrou a biblioteca como *espaço de pesquisa*, conforme demonstrado pelos seguintes trechos, que constituem apenas exemplos:

> "A biblioteca ajuda-nos a realizar pesquisas e trabalhos até mesmo tarefas de casa."
> "Me ajuda com pesquisas na internet [...]"
> "Me ajuda a entender como fazer a tarefa ou trabalho... Explicando como fazer resumo."

Embora não tenham detalhado como é feita essa pesquisa, percebe-se que a biblioteca era o lugar aonde iam para buscar informações para os trabalhos, e eventualmente aprendiam habilidades informacionais, como a de fazer resumos.

No que diz respeito à leitura, os textos dos alunos revelaram várias dimensões. A biblioteca criava uma experiência de *liberdade de leitura*, conforme pode ser visto nos seguintes trechos[8]:

---

[6] Foi considerada uma boa biblioteca aquela que contava com um espaço exclusivo para funcionar, tinha uma boa coleção, um bibliotecário graduado e auxiliares, e estava inserida na cultura da escola, na vida escolar dos alunos.

[7] Informações não publicadas, recolhidas em 2006.

[8] Foi mantida a redação original em todos os trechos aqui apresentados.

> "Ela me ajuda porque tem os livros que pedem, e aqueles que temos vontade de conhecer ao nosso alcance."
>
> "Sempre quando eu tenho tempo eu procuro ir à biblioteca e ler um livro que me enteresse."
>
> "A biblioteca me ajuda quando quero ler vários livros legais e interessantes. Viajo em suas histórias."
>
> "[...] Várias curiosidades que eu não sabia descobri na biblioteca."

Além da possibilidade de liberdade de leitura a biblioteca se mostrava, para muitos alunos, como um espaço de *variedade textual*.

> "Lá tem muitos tipos de variedades de livros, tipo comédias, terror, aventuras e outros."
>
> "[...] Mas não tem só livros, tem revistas, folhetos sobre meio ambiente e as caixas das professoras e tem um espaço para a gente ver filme lá e tem um armário cheio de fita de vídeo e CD e DVD."
>
> "A biblioteca é como um computador. Tem tudo que você quer, só que na biblioteca é mais interessante."

A biblioteca também criava experiências de leituras indicadas pelos mediadores, ou seja, os alunos entendiam que os mediadores poderiam ajudá-los a *escolher livros*.

> "Me ajuda a escolher livros bons, me dá dicas, me aconcelha."
>
> "[...] Ela me ajuda na orientação das pesquisas, na sua opinião em livros de literatura."
>
> "Ela faz a gente interagir com os livros, é um lugar ótimo para ler."

Foi possível perceber que as experiências de leitura estavam muito presentes nas duas bibliotecas. A *variedade de atividades* oferecidas foi muito mencionada nos textos.

> "Elas promovem oficinas de literatura que nos incentivam a ler."
> "Temos um espaço para assistir filmes [...]"
> "A biblioteca também faz teatros e palestras."
> "Este ano tem um projeto Jornalzinho da Escola, os alunos ajudam a fazer."

Por outro lado, havia percepção de que a biblioteca era um *lugar de regras*, que existiam normas a serem seguidas naquele espaço.

> "[...] na biblioteca tem que ter silêncio e ter cuidado com os livros, então ter educação com os alunos e nada de briga, etc."

Alguns apreciavam as normas:

> "E o empréstimo de livros aqui é muito legal, cada um tem a sua própria carteirinha."

Outros percebiam a natureza restritiva das regras:

> "Em trabalho não me ajudou em nada pois está com muita frescura."

Ao mesmo tempo, percebiam que as regras tinham uma razão de ser.

> "Se o aluno não trazer o livro no dia certo, paga uma multa de vinte e cinco centavos, e isso é feito para que os alunos criem responsabilidades, que devolvam os livros no dia serto."
> "Também me ajudam na parte da responsabilidade porque eles dão uma semana para ler o livro e depois tem que devolver."

Outra dimensão observada a partir dos textos foi a biblioteca como *espaço de ordem*.

> "Sempre como vamos a biblioteca está com todos os livros em ordem e sempre se mantém limpa."

Muitas vezes, a biblioteca é criticada por ser um lugar de silêncio, mas em alguns textos o *silêncio*, e a *tranquilidade* que este proporcionava, era apreciado.

> "A biblioteca me ajuda quando eu quero ler algum livro tranquilamente, pois lá é bem organizado e silencioso."

A biblioteca se revelou como espaço que ajuda a aprender *habilidades de comunicação* e que estimula *atitudes de socialização*.

> "Eu aprendo a trabalhar em grupo com as outras pessoas, fazer novos amigos."

> "Quando precisam fazer um trabalho em grupo se reunimos na biblioteca e procuramos em livros e na internet."

Havia um significado de *lazer*, de diversão na biblioteca.

> "Biblioteca não é só livro, pesquisas, é lugar de lazer, diversão, biblioteca tem várias utilidades."

> "É um ambiente até de diversão, de encontro de grupos [...]"

Outra dimensão observada foi a biblioteca como espaço de *refúgio*.

> "Algumas pessoas mais tímidas ou mesmo querendo fazer trabalho, ficam nela na hora do recreio."

> "Na minha opinião eu acho que é muito melhor passar o tempo na biblioteca do que no nosso 'mundo moderno'."

A biblioteca se revelou como lugar de *relaxamento*, de *descanso*.

> "Eu gosto de lá, quando vou lá no recreio para estudar e dormir às vezes."

> "A biblioteca me ajuda quando quero me entreter com jornais, revistas e os peixinhos do aquário."

Os textos mostraram que os alunos vivenciavam experiências de *acolhimento* na biblioteca.

> "A biblioteca é um estabelecimento muito bom na escola, pois além de oferecer muitos livros as funcionárias são muito dedicadas e legais."

> "As bibliotecárias são super gente boa. Elas não são aquele tipo careta, pelo contrário, são bem moderninhas."

> "O livro que os professores pedem é só pedir para a bibliotecária e ela te ajuda."

O acolhimento funcionava até em casos de alunos que não cumpriam suas tarefas.

> "Ela nos ajuda quando nós não estudamos e ela deixa a gente estudar lá."

Percebe-se também que a biblioteca tinha dimensões bem pragmáticas, chegando a funcionar como *sala de espera*. Uma sala de espera que, em alguns casos, era bem aproveitada.

> "Depois que bate o sinal para a hora da saída tenho que esperar minha irmã, que é do ensino médio.

> Espero na biblioteca lendo livros, revistas e fazendo tarefas e trabalhos."
>
> "Quando fico no treino de handebol passo metade do tempo na biblioteca lendo, conversando, etc."

Finalmente foi possível observar nos textos que a biblioteca constituía um "quebra-galho" para alguns alunos.

> "Se caso precisar de lápis, borracha, cola, corretivo, grampeador, etc. Você pode pegar emprestado."

Assim, por meio das falas dos frequentadores, que relataram as experiências que vivenciavam nas bibliotecas de suas escolas e os significados que construíam ao frequentá-las, procurei mostrar que a biblioteca pode ter diversas dimensões, que precisam ser entendidas e consideradas. O mais importante é saber que as experiências e significados são influenciados pelas pessoas que ali trabalham, conforme descoberto pelo estudo de Louise Limberg e Mikael Alexandersson (Campello, 2012). Quando a equipe da biblioteca demonstra valorizar regras e normas em excesso, cria-se uma experiência restritiva, mas quando é condescendente com alunos que fazem da biblioteca principalmente espaço de lazer, pode-se desvalorizar a função educativa da biblioteca. Portanto, a gestão da biblioteca deve ser conduzida para buscar equilíbrio nas diversas dimensões.

Pesquisa realizada em duas escolas na Noruega, com alunos de 16 a 18 anos (Rafste, 2003, 2005) mostrou que as bibliotecas dessas escolas eram predominantemente espaços de socialização, ficando a função educativa em segundo plano. A biblioteca não precisa ser obrigatoriamente um espaço sisudo. Ela pode e deve ser um espaço agradável, mas os gestores não devem abdicar da biblioteca como espaço de aprendizagem. Assim, o equilíbrio precisa ser encontrado, a partir da observação atenta de como experiências estão sendo vivenciadas e de como significados estão sendo construídos dentro da biblioteca.

Ao fim desta primeira parte do livro, considero que os fundamentos para a ação da biblioteca escolar foram estabelecidos. A segunda parte tratará especificamente de questões de gestão, iniciando com uma contextualização que propiciará visão ampla da biblioteca escolar no Brasil.

Referências

Campello, Bernadete. Como o estudante constrói significados da biblioteca escolar. *In*: Campello, Bernadete. *Biblioteca escolar*: conhecimentos que sustentam a prática. Belo Horizonte: Autêntica, 2012. p. 35-55.

Rafste, Elisabeth Tallaksen. A Place to Learn Or A Place for Leisure: Pupils' Use of the School Library in Norway. *School Libraries Worldwide*, v. 11, n. 1, p. 1-16, 2005. Disponível em: https://journals.library.ualberta.ca/slw/index.php/slw/article/view/6957/3955. Acesso em: 29 mar. 2024.

Rafste, Elisabeth Tallaksen. *A Place to Learn Or A Place for Leisure*: Pupils' Use of the School Library in Norway. 2003. 10 p. [Resumo da dissertação]. Disponível em: https://files.eric.ed.gov/fulltext/ED480350.pdf. Acesso em: 29 mar. 2024.

Parte 2
A GESTÃO DA BIBLIOTECA ESCOLAR

Capítulo 16
Perspectivas da biblioteca escolar no Brasil

A Parte 1 deste livro abordou o papel educativo da biblioteca, mostrando como ela pode ser um espaço de aprendizagem. Na Parte 2, tratarei da gestão da biblioteca, usando essa ideia como referencial teórico.

A questão envolve inicialmente um ponto fundamental: como garantir a presença da biblioteca nas escolas? Numa perspectiva ideal, ela seria garantida pelo desejo da comunidade escolar de possuir uma biblioteca como recurso para apoiar a aprendizagem. Assim, a escola buscaria recursos e meios para instituir uma biblioteca que estaria inserida em seu projeto pedagógico.

Entretanto, as próprias organizações internacionais ligadas a Biblioteconomia recomendam apoio legislativo e financeiro para a criação e funcionamento de bibliotecas escolares. Ou seja, consideram que deveria haver leis que garantissem recursos para criar e manter bibliotecas nas escolas. A International Association of School Librarianship (IASL) e a International Federation of Library Associations and Institutions (IFLA) (Diretrizes, 2015) recomendam essa modalidade, cujos detalhes seriam definidos de acordo com as características de cada país.

No Brasil, a legislação educacional, desde a época do Império, *menciona* a biblioteca. Em 1879, a reforma educacional Leôncio de Carvalho foi regulamentada pelo Decreto n.º 7.247 que, no Art. 7º dizia: "Serão creadas nos differentes districtos do mesmo municipio pequenas[9] bibliothecas e museus escolares" (Brasil, 1879). Nesse documento, já se percebe a fragilidade da legislação que supostamente pretendia garantir a presença das bibliotecas nas escolas. Havia apenas menção à criação, sem definir recursos para que isso ocorresse. Essa fragilidade persiste ao longo do tempo, sendo característica de diversos atos legais posteriores sobre o assunto. Assim, a legislação que aborda a criação de bibliotecas nas escolas brasileiras tem se mostrado até hoje, no mínimo, inócua.

A Lei n.º 12.244 de 2010 – chamada lei da universalização das bibliotecas – propôs a criação de bibliotecas em todas as escolas do país, públicas ou privadas, e deu prazo de dez anos para que isso ocorresse, mas também se caracterizou pela falta de definição de recursos para o fim pretendido (Brasil, 2010).

Ela teve um significado especial para os bibliotecários porque foi a classe que se mobilizou para a sua aprovação, sob a liderança do Conselho Federal de Biblioteconomia (CFB) (Conselho, 2008).

No que diz respeito ao conteúdo, a Lei n.º 12.244 foi bastante criticada pela comunidade bibliotecária porque apresentava um conceito de biblioteca restrito e não

---

[9] Esse adjetivo parece ter ajudado a fixar uma característica da biblioteca escolar, dando a entender que ela pode ser um espaço acanhado. Isso se reflete na realidade até o presente, quando se observa que, em grande parte das escolas, a biblioteca funciona em espaço exíguo (Campello *et al.*, 2012, p. 13).

detalhava a variedade de possibilidades de ação da biblioteca. Em seu Art. 2º, dizia: "Para os fins desta Lei, considera-se biblioteca escolar a coleção de livros, materiais videográficos e documentos registrados em qualquer suporte destinados a consulta, pesquisa, estudo ou leitura" (Brasil, 2010).

Na verdade, a lei era enxuta, mas penso que isso não constitui um aspecto negativo, pois a garantia de uma boa biblioteca, que tenha impacto na escola, é a ação dos bibliotecários, "os legítimos administradores das bibliotecas" (Brayner, 2021, p. 181). É principalmente o bibliotecário que irá qualificar a biblioteca. O bibliotecário bem-preparado é que vai fazer dela um espaço de aprendizagem.

A Lei n.º 12.244 foi alterada em 2024 pela Lei n.º 14.837/2024 sancionada com veto pelo presidente. A nova lei amplia a definição de biblioteca escolar e cria o Sistema Nacional de Bibliotecas Escolares (SNBE). A definição de biblioteca escolar passa a ser:

> [...] o equipamento cultural obrigatório e necessário ao desenvolvimento do processo educativo, cujos objetivos são: I - disponibilizar e democratizar a informação ao conhecimento e às novas tecnologias, em seus diversos suportes; II - promover as habilidades, as competências e as atitudes que contribuam para a garantia dos direitos e objetivos de aprendizagem e desenvolvimento dos alunos e alunas, em especial no campo da leitura e da escrita; III - constituir-se como espaço de recursos educativos indissociavelmente integrado ao processo de ensino-aprendizagem; IV - apresentar-se como espaço de estudo, de encontro e de lazer, destinado a servir de suporte para a comunidade em suas necessidades e anseios (Brasil, 2024).

Portanto, a nova lei mantém a questão na estaca zero. O detalhamento da definição de biblioteca escolar constitui mera repetição do que tem sido mencionado durante décadas por estudiosos da área. Os pontos essenciais, que são previsão de recursos para a criação de bibliotecas e para o funcionamento do Sistema Nacional de Bibliotecas Escolares e sanções ao descumprimento da lei não são mencionados.

A Lei n.º 12.244 tem sido objeto de debates na comunidade bibliotecária, que busca conhecer os resultados de sua aprovação (Campello *et al.*, 2016) e as mudanças ensejadas por ela. Estudo realizado em 2021 teve como objetivo verificar se houve ampliação da legislação em prol da biblioteca escolar nos estados brasileiros. Os resultados mostraram que apenas um estado, o Rio de Janeiro, aprovou legislação que dispõe sobre a obrigatoriedade da instalação de bibliotecas escolares, com base na Lei n.º 12.244. Alguns Estados têm se empenhado em propor ações legislativas que contemplem a biblioteca escolar, direta ou indiretamente. No entanto, essas proposições são, em sua maioria, de caráter regulamentador, não apresentando disposições que concretizem a criação das bibliotecas (Santos; Lima; Resende, 2021).

Projetos de leis sobre bibliotecas escolares e assuntos correlatos (como literatura, leitura e livros) estão presentes em número significativo nas casas legislativas do país. Uma análise afiada e crítica da situação foi feita pelo bibliotecário Cristian Brayner que, analisando a gama de projetos que tramitavam na Câmara dos Deputados em 2018, concluiu que

> Em todos os países em que a leitura se tornou hábito, os alunos são estimulados, desde muito pequenos, a frequentarem a biblioteca. Eles sabem que esse espaço, longe de ser uma topografia plasmada sob o crivo da ordem e do silêncio, é

equipamento ruidoso, multíplice, garantidor de competências informacionais que acompanharão seus frequentadores por toda a vida. Nesse sentido, deixar o espaço controlado da sala de aula, e embrenhar-se na biblioteca, com seus acervos e linguagens, além de gerar competências geradoras do conhecimento, prepara o indivíduo a enfrentar *fake news* e narrativas *rosiclairs*. Que uma parcela das atividades pedagógicas seja desenvolvida na biblioteca! Afinal de contas, o mundo, desde que é mundo, nunca se pareceu com uma sala de aula. O mundo é uma biblioteca, com suas potencialidades e impermanências. Talvez esta seja a primeira lição a ser aprendida pelos que povoam os espaços entre as duas cúpulas (Brayner, 2018, p. 186).

A criação de bibliotecas escolares passa, sem dúvida, pela ação política, porque envolve recursos públicos, e, nesse sentido, a comunidade bibliotecária precisa estar presente, exercitando o que tem sido chamado *advocacy*, que, nesse caso, seria argumentar para convencer os legisladores de que a biblioteca na escola pode constituir recurso para alcançar metas educacionais mais amplas e de que a concretização da ideia de que todas as escolas brasileiras contem com boas bibliotecas deve ser alcançada por meio de ações que garantam a aplicação de recursos públicos de forma eficaz.

Uma ação da classe, não diretamente ligada a bibliotecas escolares, foi a parceria do CFB com a Coordenação de Aperfeiçoamento de Pessoal de Nível Superior (Capes), em 2009, para a criação de cursos de Biblioteconomia a distância. Em 2018, após um longo percurso, foi iniciado o processo de adesão de Instituições Públicas de Ensino Superior (Ipes) para o oferecimento do curso, tendo aderido onze instituições (Bento; Prudencio, 2019, p. 2). Atualmente, há também cursos em instituições particulares.

O provável aumento de profissionais que essa iniciativa irá ensejar levanta expectativa de que escolas no interior do país se beneficiem e possam contar com profissionais qualificados em suas bibliotecas.

Um dos pilares para a ação política do bibliotecário é a consciência de seu papel educativo, pois a base para o êxito de um sistema nacional de bibliotecas escolares – se for esse o modelo para o Brasil – são as pessoas que irão dar vida a esses espaços.

O modelo português é um exemplo de que a ação direcionada a melhorar as condições das bibliotecas escolares do país pode ser centralizada. A Rede de Bibliotecas Escolares (RBE) é um organismo do Ministério da Educação de Portugal que tem como objetivo instalar e desenvolver bibliotecas em escolas públicas de todos os níveis de ensino (Portugal, 2015). A formação de especialistas – o chamado professor-bibliotecário[10] – foi a peça-chave para o êxito do programa, cuja concepção teve início em 1995.

No Brasil, agrupamentos de bibliotecas escolares vêm se organizando em âmbito local, nos municípios ou em sistemas particulares de ensino, como recurso para possibilitar a melhoria desses espaços. Assim, é preciso entender como esses agrupamentos estão se estruturando, o que será tema do capítulo a seguir.

---

[10] O desempenho do cargo de professor-bibliotecário "requer o domínio de *competências pedagógicas* inerentes à profissão docente e qualificação acrescida, adquirida por intermédio de formação superior e/ou formação contínua, em *biblioteconomia e ciência da informação*, nas áreas de gestão e organização de bibliotecas escolares, gestão da informação, leitura e literatura para a infância e juventude, literacia da informação e dos media, literacia tecnológica e digital e gestão de projetos" (Disponível em: https://www.rbe.mec.pt/np4/Professores-bibliotecarios.html. Acesso em: 17 abr. 2024).

Referências

Bento, Esther de Sá; Prudencio, Dayanne da Silva. Institucionalização do Curso de Bacharelado em Biblioteconomia na modalidade a distância nas universidades federais do estado do Rio de Janeiro: sob a percepção de discentes e docentes. *In*: Congresso Brasileiro de Biblioteconomia e Documentação, 28., Vitória, 2019. *Anais...* Vitória: Febab, 2019. Disponível em: https://portal.febab.org.br/cbbd2019/article/view/237. Acesso em: 30 mar. 2024.

Brasil. Decreto n.º 7.247, de 19 de abril de 1879. Reforma o ensino primario e secundario no municipio da Côrte e o superior em todo o Imperio. Disponível em: https://www2.camara.leg.br/legin/fed/decret/1824-1899/decreto-7247-19-abril-1879-547933-publicacaooriginal-62862-pe.html. Acesso em: 30 mar. 2024.

Brasil. Lei n.º 12.244, de 24 de maio de 2010. Dispõe sobre a universalização das bibliotecas nas instituições de ensino do País. Brasília, 2010. Disponível em: http://www.planalto.gov.br/ccivil_03/_ato2007-2010/2010/lei/l12244.htm. Acesso em: 30 mar. 2024.

Brasil. Lei n.º 14.837, de 08 de abril 2024. Altera a Lei n.º 12.244, de 24 de maio de 2010, que "dispõe sobre a universalização das bibliotecas nas instituições de ensino do País", para modificar a definição de biblioteca escolar e criar o Sistema Nacional de Bibliotecas Escolares (SNBE). Brasília, 2024. Disponível em: file:///C:/Users/Bernadete/Dropbox/bernadete%202024/projeto%20livro%20v%C3%ADdeo/Lei%2014837.html. Acesso em: 12 abr. 2024.

Brayner, Cristian J. O. S. O parlamento brasileiro e a biblioteca escolar em 2018. *Revista Cajueiro*, v. 1, n. 1, 2018. Disponível em: http://hdl.handle.net/20.500.11959/brapci/109483. Acesso em: 30 mar. 2024.

Campello, Bernadete; Barbosa, Ricardo Rodrigues; Proença, Samuel Gonçalves. Bibliotecas escolares no Brasil: uma análise dos dados estatísticos do Instituto Nacional de Estudos e Pesquisas Educacionais. *RICI*, Brasília, v. 11, n. 3, p. 609-624, set./dez. 2018. Disponível em: https://periodicos.unb.br/index.php/RICI/article/view/10397. Acesso em: 30 mar. 2024.

Campello, Bernadete. Bibliotecas escolares e Biblioteconomia escolar no Brasil. *Biblioteca Escolar em Revista*, Ribeirão Preto, v. 4, n. 1,

p. 1-25, 2015. Disponível em: https://www.revistas.usp.br/berev/article/view/106613. Acesso em: 30 mar. 2024.

Campello, Bernadete; Caldeira, Paulo. T.; Alvarenga, Maura; Soares, Laura V. O. Situação das bibliotecas escolares no brasil: o que sabemos? *Biblioteca Escolar em Revista*, v. 1 n. 1, p. 1-29, 2012. Disponível em: https://brapci.inf.br/index.php/res/v/16879. Acesso em: 30 mar. 2024.

Campello, Bernadete *et al*. Universalização de bibliotecas nas escolas: reflexos da Lei 12.244. *Ponto de Acesso*, Salvador, v. 10, n. 2, p. 39-58, ago. 2016. Disponível em: https://periodicos.ufba.br/index.php/revistaici/article/view/13609. Acesso em: 30 mar. 2024.

Campello, Bernadete. História da biblioteca escolar no Brasil: o que sabemos? *In*: Castro, Cesar A.; Velásquez Castellanos, Samuel L. *História da escola*: métodos, disciplinas, currículos e espaços de leitura. São Luís: EDUFMA; Café & Lápis, 2018. p. 467-493.

Conselho Federal de Biblioteconomia. *Projeto mobilizador. biblioteca escolar*: construção de uma rede de informação para o ensino público. Brasília: CFB, 2008. Disponível em: https://pt.slideshare.net/biblio_2010/biblioteca-escolar-projeto-mobilizador-crb. Acesso em: 30 mar. 2024.

Diretrizes da IFLA para a biblioteca escolar. 2. ed. IFLA/IASL, 2015. Tradução portuguesa elaborada pela Rede de Bibliotecas Escolares de Portugal. Disponível em: https://www.ifla.org/files/assets/school-libraries-resource-centers/publications/ifla-school-library-guidelines-pt.pdf. Acesso em: 30 mar. 2024.

Portugal. *A Rede de Bibliotecas Portugal*. Sapo. 2015. 1 vídeo (14 min). Publicado por Rede de Bibliotecas. Disponível em: http://videos.sapo.pt/gNfeZdo7y4V81vwZGMud. Acesso em: 6 maio 2024.

Santos, Andrea Pereira dos; Lima, Myriam Martins; Resende, Vanessa Ferreira de Almeida. A legislação da biblioteca escolar nos estados pós Lei 12.244: o que mudou? *Revista Brasileira de Biblioteconomia e Documentação*, São Paulo, v. 17, p. 1-25, p. 1-25, 2021. Disponível em: https://brapci.inf.br/index.php/res/download/166388. Acesso em: 30 mar. 2024.

Capítulo 17
Redes de bibliotecas escolares

A palavra *rede* está sendo usada aqui para designar agrupamentos de bibliotecas escolares, presentes nas esferas governamentais ou em sistemas particulares de ensino. O termo é usado de forma ampla para representar a tendência, observada desde a década de 1990, de reunir grupos de bibliotecas a fim de otimizar recursos para a sua melhoria. Essa modalidade de gestão vai ter influência na administração e no perfil do gestor/coordenador dessas bibliotecas. Portanto, é necessário compreender as peculiaridades de redes, sistemas e programas de bibliotecas que têm surgido no país.

Resultados de pesquisa publicada em 2017, que estudou três redes municipais de bibliotecas: Belo Horizonte, em Minas Gerais, Vitória, no Espírito Santo, e São Carlos, em Sao Paulo, revelaram que o *surgimento das redes* se deu no bojo de movimentos de renovação educacional, quando houve percepção de que bibliotecas poderiam ser instrumentos importantes para apoiar as mudanças pretendidas (Limas; Campello, 2017, p. 29). O Programa de Bibliotecas da Rede Municipal de Ensino de Belo Horizonte surgiu em função do projeto Escola Plural, uma proposta político-pedagógica criada em 1994 que buscava implementar metodologias de ensino construtivistas. Em Vitória, o Projeto Revitalização dos Espaços Escolares, criado por volta de 1997, impulsionou o surgimento da Rede de Bibliotecas da Prefeitura Municipal de Vitória, em 1999. O Sistema Integrado de Bibliotecas do Município de São Carlos (Sibi-SC) surgiu em um cenário de criação de uma política pública de incentivo à leitura e fomento ao livro, quando os gestores perceberam a importância de agregar as bibliotecas ao esforço de melhorar a leitura.

O conceito de biblioteca que embasou essas iniciativas mostrou o desejo de fazer das bibliotecas espaços de aprendizagem, e não apenas depósitos de livros. A palavra *revitalização* foi usada, e revelava a vontade de se dar vida a um lugar precário, que se encontrava longe de sua finalidade original, de colaborar com a aprendizagem (Pimenta; Aires; Ribeiro, 1998).

A pesquisa buscou compreender o *nível de formalização* das redes, verificando a existência de documentos que as apoiassem e garantissem sua permanência (Limas; Campello, 2017, p. 32). Em São Carlos, havia legislação que dava sustentação à presença da rede. Em Belo Horizonte, a rede era formalizada por meio de programa de governo, e apoio fundamental representado pela determinação, presente na Lei Orgânica do Município, que define que 10% das verbas encaminhadas às escolas sejam gastas com acervo. A rede mais frágil em termos de documentação foi em Vitória: havia poucos registros sobre a rede, embora ela tenha um histórico de consolidação. Essa situação mudou em 2023, quando foram divulgados dois documentos: *Política do Livro, da Leitura e da Biblioteca Escolar* e *Diretrizes das Bibliotecas Escolares da Rede de Ensino de Vitória*, que fundamentam, consolidam e oficializam a política de leitura no município. Esses documentos foram resultado do trabalho colaborativo dos bibliotecários da rede, realizado durante a pandemia de covid-19, e elaborados em conjunto com técnicos da Secretaria de Educação do município (Gonçalves, 2022, p. 10).

Com relação a *recursos humanos*, o estudo notou a relevância de haver um coordenador que atuava na Secretaria de Educação. A função de coordenação, exigida na configuração em rede, representava uma liderança, isto é, um bibliotecário com uma visão global do conjunto das bibliotecas e contato permanente com a Secretaria de Educação. Esse foi um diferencial proporcionado pela configuração em rede (Limas; Campello, 2017, p. 35).

A contratação de bibliotecários foi observada, sendo que a distribuição desses profissionais variava de rede para rede. A rede da Prefeitura de Belo Horizonte trabalhava com o conceito de *biblioteca polo*, isto é, havia um bibliotecário responsável por um grupo de quatro a cinco bibliotecas, uma delas considerada polo. O *auxiliar de biblioteca* era cargo formal e esses auxiliares estavam presentes em todas as bibliotecas. Em Vitória, havia bibliotecários em todas as 53 bibliotecas, e não havia a figura do auxiliar. Em São Carlos, nem todas as escolas tinham biblioteca, e os bibliotecários estavam concentrados na Secretaria de Educação, fornecendo serviços para o conjunto das bibliotecas.

A pesquisa partia do pressuposto de que a configuração em rede pudesse estimular a *cooperação* entre bibliotecários e bibliotecas nas redes. Entretanto, o nível de cooperação observado foi tímido, consistindo apenas em iniciativas informais e de alcance local. Levantou-se a hipótese de que, no estágio de desenvolvimento em que as redes se encontravam, não havia condições para a efetiva cooperação bibliotecária, podendo ocorrer em estágio mais avançado (Limas; Campello, 2017, p. 37).

Benefícios trazidos pela estrutura em rede foram observados em relação às coleções, que constituíam o ponto forte das bibliotecas das três redes estudadas, como resultado dos processos de aquisição centralizada. A formação e capacitação do pessoal das bibliotecas também foi um benefício observado (Limas; Campello, 2017, p. 38).

Assim, levando-se em conta esses benefícios, pode-se supor que a organização em rede será uma tendência, possibilitando a otimização de recursos para oferecer melhores serviços nas escolas.

É necessário agora refletir sobre o perfil do *coordenador das redes*. Essa função mostrou ser de grande importância, constituindo uma liderança que reforçava a figura da biblioteca no âmbito da Secretaria de Educação. Assim, o coordenador da rede tem que possuir capacidade de liderança, de diálogo, visão de futuro, que o capacite a conduzir o grupo em direção aos objetivos e metas definidos. Uma pessoa que conte com a confiança dos coordenados e tenha legitimidade para mostrar falhas, para buscar e propor soluções e para apontar caminhos, fortalecendo a biblioteca dentro dos órgãos gestores. Essa função exigirá conhecimentos técnicos de Biblioteconomia, complementados por conhecimentos sobre gestão escolar, cultura escolar e aprendizagem, para propor projetos que façam da biblioteca espaço no qual os alunos aprendam.

A rede possibilita a interlocução do bibliotecário com seus pares. Como profissional, o bibliotecário geralmente é único na escola, e, nesse caso, a interlocução com colegas de profissão é necessária, pois a rede é oportunidade para essa interlocução e troca de ideias.

As diversas configurações de agrupamentos de bibliotecas no Brasil – sejam chamados "sistema", "rede" ou "programa" – precisam ser mais bem entendidas, dada a diversidade de fatores que influenciam esses agrupamentos.

A variedade de níveis em que se encontram as bibliotecas escolares no Brasil é um fator a ser considerado. A falta de parâmetros que esclareçam o que seja uma biblioteca escolar pode ter tido influência nesse aspecto. Portanto, no próximo capítulo, tratarei da questão de parâmetros, instrumento que pode possibilitar ações mais harmoniosas no processo de criação e funcionamento de bibliotecas nas escolas.

Referências

Gonçalves, Andrea Carla *et al*. A mediação da informação e o uso de ferramentas digitais pelo bibliotecário escolar: um relato de experiência da Rede de Bibliotecas Escolares do Município de Vitória-ES no período pandêmico. *In*: Congresso Brasileiro de Biblioteconomia e Documentação, 29., online, 2022. *Anais*... São Paulo: Febab, 2022. Disponível em: https://portal.febab.org.br/cbbd2022/article/view/2621. Acesso em: 29 mar. 2024.

Limas, Rubeniki F. de; Campello, Bernadete. Redes de bibliotecas escolares no Brasil: estudos de caso em sistemas municipais de ensino. *Biblioteca Escolar em Revista*, Ribeirão Preto, v. 5, n. 2, p. 22-43, 2017. Disponível em: https://www.revistas.usp.br/berev/article/view/113284. Acesso em: 29 mar. 2024.

Pimenta, Lina V.; Aires, Maria Célia P.; Ribeiro, Tadeu Rodrigo. Programa de revitalização das bibliotecas das escolas da rede municipal de ensino de Belo Horizonte. *In*: Vianna, Márcia M.; Campello, Bernadete; Moura, Victor Hugo V. *Biblioteca escolar:* espaço de ação pedagógica. Belo Horizonte: EB-UFMG; ABMG, 1998. p. 68-83. Disponível em: http://gebe.eci.ufmg.br/downloads/110.pdf. Acesso em: 29 mar. 2024.

Capítulo 18
Parâmetros para bibliotecas escolares

Este capítulo trata de parâmetros para as bibliotecas escolares, entendidos como instrumentos de gestão que oferecem ao administrador uma base para planejar e criar a biblioteca e/ou definir metas para atingir o nível desejado para esse espaço na escola.

Os primeiros parâmetros para bibliotecas escolares no Brasil (Grupo, 2010) foram criados pelo Grupo de Estudos em Biblioteca Escolar (Gebe), a partir da demanda feita em 2008 pela então presidente do Conselho Federal de Biblioteconomia (CFB) a bibliotecária Nêmora Rodrigues. O CFB estava implementando o *Projeto mobilizador: biblioteca escolar: construção de uma rede de informação para o ensino público* (Conselho, 2008) e buscando parcerias e apoios. O Gebe, considerando o panorama precário das bibliotecas existentes nas escolas do país – e a inexistência delas em um número significativo de escolas –, decidiu apoiar o CFB e iniciou o trabalho de elaboração dos parâmetros.

A criação dos Parâmetros teve como base uma perspectiva teórica, quando se definiu a ideia de biblioteca escolar que seria representada no documento. Essa ideia foi a da *biblioteca como espaço de aprendizagem*. Outra sustentação para a elaboração dos Parâmetros foi a realidade das bibliotecas brasileiras. Para tanto, foi realizado um extenso levantamento, por meio de questionário online enviado a cerca de 45.000 escolas. A resposta foi compreensivelmente pequena, mas os 600 questionários respondidos constituíram uma amostra que representou de forma equilibrada o número de bibliotecas de cada região do país. Assim, os indicadores incluídos nos Parâmetros não constituem números aleatórios: são números estudados, discutidos exaustivamente pelos membros do Gebe, baseados na realidade das bibliotecas escolares e numa concepção teórica que condiz com o esforço de prover recursos pedagógicos para melhorar a qualidade da educação no país.

Os Parâmetros incluíram seis aspectos da biblioteca: espaço físico, acervo, computadores ligados à internet, organização do acervo, serviços/atividades e pessoal. Os indicadores para cada um desses aspectos foram apresentados de forma objetiva, em alguns casos numericamente e em dois níveis: básico e exemplar, representando o aperfeiçoamento da biblioteca que deve ser buscado pelos gestores ao longo do tempo (Campello *et al*, 2011).

Por exemplo, o indicador mínimo para o tamanho da biblioteca foi de 50 metros quadrados, considerando que, como mostrado pelo levantamento, a maioria das bibliotecas brasileiras está instalada em uma sala de aula deste tamanho, em alguns casos, até menor.

A possibilidade de haver condições de abrigar uma turma de alunos assentados, foi um indicador baseado na ideia da biblioteca como espaço de aprendizagem. Sabe-se que a unidade de ensino da escola é a turma/classe. Assim, o professor deve poder ir à biblioteca com sua classe e ter garantido um espaço para trabalhar com conforto.

O indicador relativo ao tamanho do acervo – um título por aluno – foi definido em consonância com a Lei n.º 12.244 (Brasil, 2010) que define a quantidade de livros da biblioteca com base no número de alunos.

O indicador relativo ao número de computadores[11] foi definido em função da expansão do acervo (possibilidade de coleção virtual) e da ideia de que deve haver computadores exclusivos para uso dos professores, derrubando a noção de que os computadores podem ser compartilhados com a equipe administrativa. Atualmente, esse indicador precisa ser revisto, dada a predominância do celular como meio de acesso à internet.

A ênfase dada pelos Parâmetros à questão dos recursos humanos se reflete na garantia de espaço para as pessoas que trabalham na biblioteca: no nível básico, deve haver uma mesa, uma cadeira e um computador com acesso à internet para o uso exclusivo do funcionário.

O indicador sobre a presença do bibliotecário teve como base a lei de regulamentação da profissão (Brasil, 1998). Considerando-se a tendência para formação de redes de bibliotecas e o fato de que, nesse caso, um bibliotecário costuma coordenar várias bibliotecas, os Parâmetros recomendam que um bibliotecário coordene no máximo quatro bibliotecas. A base para a definição desse indicador foi buscada na experiência de bibliotecários da rede de bibliotecas da Prefeitura de Belo Horizonte. Discussões com um grupo de bibliotecários experientes proporcionaram condições para o estabelecimento desse indicador.

---

[11] No nível mínimo, um computador ligado à internet para o uso exclusivo de professores e alunos em atividades de ensino/aprendizagem.

Em 2010, os Parâmetros foram aprovados pelo CFB, com o aval dos presidentes dos Conselhos Regionais de Biblioteconomia (CRB) e formalizados por meio da Resolução CFB n.º 119/2011 (Conselho..., 2011). Em 2020, essa Resolução foi revogada e substituída pela Resolução CFB n.º 220/2020 (Conselho..., 2020), que propõe padrões genéricos, ignorando a trajetória da própria instituição no estabelecimento dos padrões de 2011 e sem mencionar o trabalho anterior do Gebe, criando um ruído desnecessário. Deve-se mencionar que o Art. 5º da referida Resolução dispõe que "As escolas dos Sistemas de Ensino terão até 31/12/2020, para se adequarem às exigências desta Resolução" (Conselho..., 2020), o que é ingênuo, já que o CFB não tem nenhuma autoridade sobre os sistemas de ensino do país.

Ao se propor a criar os padrões, o Gebe conhecia a natureza desse tipo de documento: o ideal é que parâmetros para bibliotecas sejam definidos pela classe bibliotecária, como ocorreu nos Estados Unidos, que, desde 1920, contam com normas consolidadas para bibliotecas escolares (Michie; Holton, 2005, p. 7-9). Naquele país, os parâmetros foram elaborados em conjunto por representantes de associações de bibliotecários e de entidades educacionais, o que possibilitou um diálogo benéfico sobre o papel da biblioteca na escola. Os padrões norte-americanos têm uma longa trajetória, marcada por revisões periódicas, que geraram novas propostas e davam lugar a discussões acirradas que permitiam seu aperfeiçoamento. É necessário lembrar que, nos Estados Unidos, os parâmetros nunca foram mandatórios; a forma democrática como os documentos são elaborados garante sua legitimidade e os bibliotecários os veem como instrumentos valiosos para aperfeiçoar suas práticas e fazer da biblioteca um recurso indispensável na escola.

No Brasil, a ação do CFB por meio do *Projeto mobilizador* propiciou uma discussão ampla da classe bibliotecária sobre a biblioteca escolar, e os Parâmetros foram criados considerando que este seria um documento a ser constantemente revisto pelo conjunto da classe bibliotecária, o que garantiria sua legitimidade.

O cuidado do Gebe para buscar uma base robusta para a criação dos Parâmetros, teve bons resultados. O documento original foi enviado pelo CFB ao Ministério da Educação (MEC), o qual mostrou sua satisfação de ter um instrumento que, segundo a diretora do ensino básico, seria útil na implementação da Lei n.º 12.244.

Os Parâmetros estão servindo como base para análise e avaliação de bibliotecas escolares no Brasil; teses, dissertações e trabalhos de conclusão de curso estão usando-os para essa finalidade, contando com uma base científica que poderá dar maior consistência a análises e permitir comparações

Os três capítulos anteriores abordaram aspectos amplos da biblioteca escolar (legislação, redes e parâmetros), preparando o contexto para abordar questões específicas. Assim, no capítulo a seguir, iniciando o estudo de tópicos relacionados à gestão da biblioteca, tratarei do espaço físico para instalação da biblioteca.

Referências

Brasil. Lei n.º 12.244, de 24 de maio de 2010. Dispõe sobre a universalização das bibliotecas nas instituições de ensino do País. Brasília, 2010. Disponível em: http://www.planalto.gov.br/ccivil_03/_ato2007-2010/2010/lei/l12244.htm. Acesso em: 30 mar. 2024.

Brasil. Lei n.º 9.674, de 25 de junho de 1998. Dispõe sobre o exercício da profissão de Bibliotecário e determina outras providências. Brasília, 1998. Disponível em: https://www2.camara.leg.br/legin/fed/lei/1998/lei-9674-25-junho-1998-352853-publicacaooriginal-1-pl.html. Acesso em: 30 mar. 2024.

Campello, Bernadete *et al*. Parâmetros para bibliotecas escolares brasileiras: fundamentos de sua elaboração. *Informação & Sociedade*: Estudos, João Pessoa, v. 21, n. 2, p. 105-120, maio/ago. 2011. Disponível em: https://periodicos.ufpb.br/ojs/index.php/ies/article/view/10451. Acesso em: 30 mar. 2024.

Conselho Federal de Biblioteconomia. *Projeto mobilizador. Biblioteca escolar*: construção de uma rede de informação para o ensino público. Brasília: CFB. 2008. Disponível em: https://pt.slideshare.net/biblio_2010/biblioteca-escolar-projeto-mobilizador-crb. Acesso em: 30 mar. 2024.

Conselho Federal de Biblioteconomia. Resolução CFB n.º 119/2011. Brasília, 15 de julho de 2011. Dispõe sobre os parâmetros para as bibliotecas escolares. Disponível em: http://repositorio.cfb.org.br/bitstream/123456789/459/1/Resolu%c3%a7%c3%a3o%20119%20Par%c3%a2metros%20Bibliotecas%20Escolares.pdf. Acesso em: 30 mar. 2024.

Conselho Federal de Biblioteconomia. Resolução CFB n.º 220/2020, de 13 de maio de 2020. Dispõe sobre os parâmetros a serem adotados para a estruturação e o funcionamento das bibliotecas escolares. Disponível em: http://repositorio.cfb.org.br/bitstream/123456789/1349/1/Resolu%c3%a7%c3%a3o%20220%20Par%c3%a2metros%20biblioteca%20escolar%20%281%29.pdf. Acesso em: 5 maio 2024.

Grupo de Estudos em Biblioteca Escolar; Conselho Federal de Biblioteconomia. *Biblioteca escolar como espaço de produção do conhecimento*: parâmetros para bibliotecas escolares. Belo Horizonte: [s.n.], 2010. Disponível em: https://files.cercomp.ufg.br/weby/up/366/o/padroesparabibliotecasescolares.pdf. Acesso em: 30 mar. 2024.

Michie, Joan S.; Holton, Barbara A. *Fifty Years of Supporting Children's Learning*: A History of School Libraries and Federal Legislation from 1953 to 2000. Washington, DC: Department of Education, 2005. Disponível em: https://nces.ed.gov/pubs2005/2005311.pdf. Acesso em: 30 mar. 2024.

Capítulo 19
Espaço físico da biblioteca

Este capítulo trata do espaço físico da biblioteca a partir da seguinte questão: será que faz sentido falar em espaço físico para a biblioteca em uma época de informação virtual? A resposta é "sim". Percebe-se que a sociedade valoriza a biblioteca como espaço simbólico no qual abriga uma grande quantidade de livros. As bibliotecas nacionais de diversos países do mundo exemplificam essa valorização. São, muitas vezes, construções suntuosas, belas, mostrando o apreço da sociedade pela herança intelectual do país e a preocupação em propiciar espaço de pesquisa, aprendizagem e busca de informação para os cidadãos.

E a biblioteca escolar? Por um lado, esta também se caracteriza por um espaço físico, mesmo que acanhado, como ocorre na maioria das escolas brasileiras. Por outro lado, atualmente, algumas bibliotecas escolares têm se designado como *learning commons* – espaços comuns/compartilhados de aprendizagem – quando se alinham com práticas pedagógicas ativas, que privilegiam trabalhos em grupo, incentivam os alunos a se ajudar mutuamente, bem como a compartilhar conhecimentos, a trabalhar em rede e formar equipes.

No que diz respeito ao espaço físico, a biblioteca pode ser considerada um *learning common*, quando conta com espaços diferenciados para atender aos diversos estilos de aprendizagem e oferece possibilidades para os alunos terem contato com as tecnologias adequadas (Gasque; Casarin, 2016). Tais tendências são embasadas em estudos que mostram que as condições físicas e o projeto do espaço da escola, assim como outros fatores, têm influência na aprendizagem (Fernandes; Uva, 2022; Rodrigues, 2018).

Para falar de espaço físico da biblioteca, a melhor referência é a professora Ivete Pieruccini, que desenvolveu sua tese de doutorado a partir de uma pesquisa participante, a qual envolveu a reestruturação completa de uma biblioteca escolar, a começar pelo espaço físico. Embora não utilizando a expressão *learning commons*, Ivete Pieruccini desenvolveu ideias e práticas que mostram a intensa relação da biblioteca com a aprendizagem ativa, característica da aprendizagem que ocorre por meio da busca de informação (Pieruccini, 2004).

Quanto à *localização*, buscou-se proximidade com as salas de aula, uma vez que, como espaço de aprendizagem, a biblioteca deveria ser facilmente acessível à alunos e professores. Inicialmente, a pesquisadora trabalhou o conceito de *estética*, não como elemento de decoração da biblioteca, mas como algo que, de fato, proporcione prazer de estar em um espaço que é agradável e convidativo à aprendizagem. Aspectos específicos, como a *leveza*, a importância de a biblioteca ser um espaço leve, foram mencionados em depoimentos de alunos e professores, que expressaram sua satisfação, dizendo que a biblioteca estava mais leve, menos "carregada". Com relação a cores, ela usou cores quentes, como amarelo e seus derivados, combinando com cores frias, como azul e derivados. Os usuários perceberam a mudança, uma quebra na monotonia do ambiente: "antes, era tudo igual", eles disseram. Com a mudança, estar na biblioteca se tornou prazeroso.

Ivete Pieruccini trabalhou também com o conceito de *variação de formas*, usando formas redondas nos pufes, que dialogavam com as formas retas das mesas. As cadeiras arredondadas, aconchegantes, contrastavam com as linhas retas das estantes, proporcionando uma dinâmica que tornou o espaço muito apreciado pelos alunos. A *iluminação* natural foi usada sempre que possível e, em alguns espaços, recorreu-se a iluminação artificial, buscando o conforto dos leitores. A *ventilação* natural foi priorizada e, quando necessário, o ar-condicionado era utilizado.

Foi dada atenção à textura dos acabamentos, às dimensões das mesas e cadeiras, à altura das estantes (reguláveis), de forma a atender alunos de diferentes idades. A preocupação com o conforto, com o fazer da biblioteca um espaço agradável para se frequentar e ficar, estava diretamente relacionada com a questão da aprendizagem.

Outro conceito que embasou a criação da biblioteca foi a *setorização*. As bibliotecas são, geralmente, divididas em espaços funcionais: espaço para estantes, para leitura (em alguns casos com poltronas), para estudo (geralmente com mesas e cadeiras), o setor de referência (com o balcão de atendimento), de audiovisual etc. Ivete Pieruccini criou signos específicos para cada setor, a partir da diferenciação de cores dos móveis, dos equipamentos e do piso. Essas diferenças facilitavam a localização dentro do espaço, criando o que ela chamou de geografia interna da biblioteca.

A *continuidade*, a possibilidade de haver uma espécie de elo entre diversos ambientes da biblioteca, também foi planejada. O recurso usado para isso foi a abertura redonda na parede entre dois espaços e em paredes externas, possibilitando o alongamento do olhar, recurso que deu conforto e prazer de estar na biblioteca.

O *livre acesso*, possibilidade de os usuários irem diretamente às estantes, foi trabalhado de forma mais ampla: Ivete Pieruccini considerou o livre acesso como a liberdade de percurso do aluno dentro da biblioteca, significando que ele pode explorar os diversos espaços, sem empecilhos, sem entraves. Na prática, isso significa que a distribuição de móveis e equipamentos deve ser feita de forma a não dificultar o percurso: evitar móveis supérfluos e equipamentos desnecessários.

A *multiplicidade* de uso dos móveis e equipamentos foi levada em consideração, com o uso de mesas quadradas que podiam ser colocadas e dispostas de maneiras diferentes, dependendo da necessidade do momento. Móveis e estantes com rodinhas também foram usados, permitindo serem levados para o pátio, para as salas de aula, até mesmo para serem movimentados dentro da biblioteca, criando ambientes diferenciados para as exposições, por exemplo. Assim, criou-se uma variedade de possibilidades para fazer o espaço agradável e sem monotonia.

A importância do trabalho de Ivete Pieruccini é inegável, na medida em que ela oferece um embasamento teórico e, ao mesmo tempo, apresenta soluções práticas para fazer da biblioteca espaço de aprendizagem, possibilitando tornar mais sólido o trabalho do bibliotecário.

Esse conhecimento pode ser complementado com a consulta a manuais que esclarecem sobre aspectos operacionais da biblioteca: dimensões, distâncias, quantidades, pontos necessários para garantir a funcionalidade do espaço (Côrte; Bandeira, 2011).

O que não se pode esquecer é que as escolhas sobre o espaço físico devem levar em conta a aprendizagem, e que formas inovadoras de aprendizagem requerem ideias inovadoras sobre o uso dos espaços na escola. E a biblioteca precisa estar alinhada as essas mudanças.

No próximo capítulo, considerando que a maioria das bibliotecas brasileiras são lugares exíguos, apresentarei sugestões para melhor aproveitamento do espaço e abordarei a ideia da expansão do espaço da biblioteca, isto é, possibilidades de ampliar sua ação, independentemente do tamanho de seu espaço físico.

Referências

Côrte, Adelaide Ramos e; Bandeira, Suelena Pinto. *Biblioteca escolar*. Brasília: Briquet de Lemos, 2011. 176 p.

Fernandes, Flávia; Uva, Marta. Espaço físico e aprendizagem: um estudo em contexto de jardim de infância e 1º ciclo do ensino básico. *In*: Cardona, Maria João; Linhares, Elisabete. *A investigação na formação inicial de professores*. Santarém: Escola Superior de Educação; Instituto Politécnico de Santarém, 2022. Disponível em: https://repositorio.ipsantarem.pt/bitstream/10400.15/4015/1/Publica%C3%A7%C3%A3o01072022%20%281%29.pdf#page=90. Acesso em: 30 mar. 2024.

Gasque, Kelley C. G. A. D.; Silva, Helen C. Bibliotecas escolares: tendências globais. *Em Questão*, v. 22, n. 3, 2016. Disponível em: https://seer.ufrgs.br/EmQuestao/article/view/60697. Acesso em: 30 mar. 2024.

Pieruccini, Ivete. *A ordem informacional dialógica*: estudo sobre a busca de informação em educação. 2004. Tese (Doutorado em Ciência da Informação e Documentação) – Escola de Comunicações e Artes, Universidade de São Paulo, São Paulo, 2004. Disponível em: https://teses.usp.br/teses/disponiveis/27/27143/tde-14032005-144512/publico/Bancotesesusp.pdf. Acesso em: 30 mar. 2024.

Rodrigues, Luiz Eduardo Miranda José. O ambiente físico escolar e sua influência no aprendizado dos estudantes da escola do século XXI. *In*: Curcher, Mark (Org.). *Samba e sauna*: a implementação de pedagogias participativas inovadoras por educadores brasileiros. Tampere, FI: Tampere University of Applied Sciences, 2018. p. 27-44. Disponível em: https://www.theseus.fi/bitstream/handle/10024/373899/Samba&Sauna-corrected.pdf?sequence=2#page=27. Acesso em: 30 mar. 2024.

Capítulo 20

Possibilidades de expansão da biblioteca escolar além do espaço físico

No capítulo anterior, abordei o tema do espaço da biblioteca, apresentando conceitos que contribuem para que ela atenda aos diferentes estilos e estratégias de aprendizagem. Infelizmente, a maioria das bibliotecas escolares brasileiras funcionam em espaços pequenos. Assim, é necessário inventar maneiras de fazer esse espaço acanhado se tornar uma boa biblioteca.

A experiência de um grupo de bibliotecárias da rede municipal de ensino de Belo Horizonte serviu de base para a produção de um documento complementar aos Parâmetros para bibliotecas escolares do Gebe (Grupo, 2010). Esse documento (Grupo, 2016) trata especificamente do espaço físico e foi elaborado a partir da larga experiência dessas bibliotecárias, que atuam em bibliotecas pequenas. O documento reúne recomendações e sugestões práticas e simples de serem implementadas, com o objetivo de fazer das bibliotecas espaços atraentes e convidativos à leitura e à aprendizagem.

Uma biblioteca pequena, de 50 metros quadrados, vai exigir que as estantes sejam encostadas nas paredes e, pensando na segurança dos usuários, devem ser fixadas com parafusos. Estantes de alvenaria devem ser evitadas, pois não permitem ventilação e podem criar problemas de umidade, que afetam tanto os leitores quanto os livros.

As estantes devem acomodar uma coleção enxuta, outro importante aspecto no que diz respeito a bibliotecas pequenas. Uma coleção enxuta é aquela adequada aos objetivos de ensino da escola e aos interesses dos estudantes, e não "pesada" e sobrecarregada, por exemplo, com livros didáticos e material desatualizado. (Os capítulos 22 e 23 deste livro tratam especificamente da coleção da biblioteca escolar.)

Com relação aos móveis, por exemplo, recomenda-se mesas quadradas pois ocupam menos espaço e possibilitam rearranjos, garantindo a flexibilidade na organização do espaço. Móveis sob medida são recomendados para melhor aproveitamento de espaços que podem ser usados para armazenar diferentes materiais, como mapas, DVDs, entre outros.

Placas emborrachadas podem ser usadas para organizar um canto especial de leitura ou uma hora do conto. Leves e fáceis de serem movimentadas, elas permitem delimitar, de maneira flexível, espaços temporários.

Banquetas empilháveis são recomendadas no caso de aparecem mais usuários do que o esperado. Então, orienta-se ter um estoque de banquetas empilhadas em um canto, para essa emergência.

Móveis leves, com rodinhas, atendem ao requisito da flexibilidade: podem ser levados para o recreio, para a sala dos professores ou para a sala de aula, possibilitando ampliar a ação da biblioteca. Além disso, uma decoração discreta é sugerida, a fim de evitar o acúmulo de objetos que possam tornar a biblioteca um local pesado.

Pensando na ampliação do espaço físico da biblioteca, é necessário planejar serviços e atividades que possam ser realizados fora da biblioteca. O relato de experiência de bibliotecárias de uma escola de São Carlos, em São Paulo, sobre uma atividade com gibis no intervalo, constitui um exemplo de experiência muito positiva de atividade que extrapola o espaço físico da biblioteca (Martucci; Cassiavilani, 2000). Nesse caso, uma parte da coleção de gibis foi levada para o recreio, colocada em um canto mais tranquilo do pátio, para uso livre dos alunos, com supervisão da equipe da biblioteca. Foi uma experiência positiva, atendendo aqueles que preferiam ficar longe da balbúrdia que caracteriza o recreio nas escolas.

Clubes de leitura – que reúnem número pequeno de alunos – podem ser organizados para funcionar em espaços da escola que estejam disponíveis, atendendo leitores que se interessem por determinados temas ou autores. O clube de leitura pode se constituir em uma atividade democrática, em que seus membros têm liberdade de dialogar sobre o texto literário, compartilhando vivências e expressando impressões. Permite o diálogo igualitário entre os participantes, a construção de diferentes significados do texto, dando espaço tanto para o protagonismo como para o compromisso com o grupo.

A realização de projetos e atividades da biblioteca no laboratório de informática da escola é uma possibilidade de expansão da ação da biblioteca. A pesquisadora Helen Casarin propôs, por meio de projeto realizado em escolas municipais de Marília, em São Paulo, um modelo que integrava formalmente o laboratório de informática à biblioteca escolar (Casarin, 2017). Essa é uma situação que não ocorre na maioria das escolas, mas sugere-se que a equipe da biblioteca crie oportunidades para trabalhos conjuntos com a equipe do laboratório, quando este estiver presente na escola.

As redes sociais são recursos que podem manter a biblioteca mais presente na vida dos alunos, independentemente de estarem na escola. Associadas a uma boa coleção virtual, abrem possibilidades para o incremento de serviços, que concretizam a ideia da biblioteca como uma função que não depende exclusivamente de um espaço físico.

O vice-diretor da Biblioteca Estadual da Baviera mostra como é possível, com a virtualização, a digitalização e as possibilidades de acervo não impresso, as bibliotecas estarem presentes na vida das pessoas em toda a parte, em tempo integral, sem a necessidade do espaço físico (Ceynowa, 2010). Assim, o papel da biblioteca como lugar sofre transformações.

Mas ainda é relevante haver um espaço físico para a biblioteca na escola, pois, como vimos no Capítulo 15 deste livro ("As múltiplas dimensões da biblioteca escolar"), ela exerce funções subjetivas, ao criar possibilidades de leitura e de aprendizagem coletivas, de relaxamento, de tranquilidade, que são importantes para os alunos e para a escola. Portanto, a sustentação para a existência da biblioteca na escola vai depender de um olhar atento para esses dois cenários.

Como espaço físico, a biblioteca demandará cuidados de manutenção, de forma que o ambiente esteja sempre convidativo, agradável, para ser usado com prazer. Assim, o capítulo a seguir tratará de um assunto que, embora pareça trivial, deve estar no rol de preocupações do gestor da biblioteca: a limpeza.

Referências

Casarin, Helen de C. S. Competência informacional e midiática e a formação de professores de ensino fundamental: um relato de experiência. *Revista Brasileira de Biblioteconomia e Documentação*, v. 13, p. 301–321, 2017. Disponível em: https://rbbd.febab.org.br/rbbd/article/view/649. Acesso em: 30 mar. 2024.

Ceynowa, Klaus. *O papel das bibliotecas na vida digital*: perspectivas e desafios tendo como exemplo a Biblioteca Estadual da Baviera. *In*: O papel das bibliotecas na vida digital, 2010. [Palestra proferida em 22 mar. 2010]. *Anais...* Rio de Janeiro: Redarte, 2010. Disponível em: https://www.redarte.org.br/2010/03/11/palestra-o-papel-das-bibliotecas-na-vida-digital/. Acesso em: 30 mar. 2024.

Grupo de Estudos em Biblioteca Escolar. *Biblioteca escolar como espaço de produção do conhecimento*: parâmetros para bibliotecas escolares, Documento Complementar 1, espaço físico. Belo Horizonte, 2016.

Grupo de Estudos em Biblioteca Escolar; Conselho Federal de Biblioteconomia. *Biblioteca escolar como espaço de produção do conhecimento*: parâmetros para bibliotecas escolares. Belo Horizonte, 2010. Disponível em: https://files.cercomp.ufg.br/weby/up/366/o/padroesparabibliotecasescolares.pdf. Acesso em: 30 mar. 2024.

Martucci, Elisabeth Márcia; Cassiavilani, Camila. Leitura de gibis no recreio: investigando a leitura de alunos do ensino fundamental em livre. *In*: Congresso Brasileiro de Biblioteconomia e Documentação, 19., 2000, Porto Alegre, *Anais*. Porto Alegre: Febab; ARB, 2000.

Capítulo 21
Limpeza da biblioteca escolar

A ideia da biblioteca como espaço de aprendizagem demanda que ela esteja preparada para atender aos objetivos de ensino. Com relação ao espaço físico, lembramos que um aspecto importante é a preocupação com a estética e o conforto, que resulta no prazer e gosto de estar ali. Um lugar agradável, limpo e bem cuidado influencia em sua utilização.

Neste capítulo, trato de um aspecto que pode parecer trivial, mas que tem importância na questão da biblioteca como espaço físico: a limpeza do ambiente. A existência de uma biblioteca física, que abriga materiais, principalmente livros, que ficam em estantes à disposição dos usuários, obriga a se pensar seriamente no aspecto da limpeza.

A pandemia de covid-19 trouxe maior preocupação com a limpeza, embora muitas bibliotecas tenham simplesmente fechado as portas no período, suspendendo atividades em razão de deficiências tecnológicas para oferecer serviços à distância. O abrandamento das restrições levou à produção de protocolos para a reabertura de bibliotecas (Fundação, 2020), reforçando a necessidade de se minimizar os riscos de contaminação para os funcionários e usuários. Superada a pandemia, tais protocolos podem servir de orientação para o estabelecimento de normas mais eficientes para manter as bibliotecas limpas e seguras.

Na Biblioteconomia, a questão da limpeza é tratada no bojo do conceito de *preservação*, que envolve vários aspectos. Desde um bom planejamento do espaço (que exige pisos fáceis de serem limpos, ausência de carpete que atrai poeira, fungos e outras bactérias), até a conscientização do usuário sobre sua responsabilidade na manutenção dos materiais, no zelo pelo bem comum, que deve ser preservado para o uso de todos.

O conceito de preservação prioriza especialmente o cuidado com o acervo, com o conjunto de materiais que compõem a coleção da biblioteca. No caso da biblioteca escolar, considero que ela deva estar voltada prioritariamente para os usuários, isto é, focar na ideia de fazer da biblioteca um espaço limpo, caprichado, em que as pessoas gostem de estar. Isso envolve a limpeza, tanto do acervo quanto do ambiente.

Com relação aos livros, que estão mais expostos a poeira, desgaste e aspectos ambientais (sol, umidade etc.), a preservação envolve dois momentos. A *conservação*, que tem um enfoque preventivo e busca evitar que os livros se desgastem com o tempo.

Evitar estantes de alvenaria, por exemplo, pode ser considerada uma ação de conservação preventiva, pois elas dificultam a ventilação e são propícias à umidade.

Com relação à conservação do livro especificamente, uma ação é, por exemplo, proteger o livro antes de colocá-lo em circulação, usada especialmente em livros mais frágeis, que serão muito manuseados. Esses livros podem receber um tratamento que os deixe mais robustos para serem usados por crianças principalmente.

O segundo aspecto da *preservação* é a *restauração*, ou seja, ações que objetivam consertar o livro que foi danificado. Nesse caso, procura-se manter as características do livro, como conservar a capa original, pois se sabe que ela é a responsável pela primeira impressão do leitor, modelando sua expectativa em relação ao conteúdo. A *restauração* é às vezes necessária, mas a ideia é que a *conservação* previna a possibilidade de ter que restaurar.

Com relação à limpeza propriamente dita, no âmbito da *preservação*, ela é considerada a fase de *higienização*, que engloba a limpeza de toda a biblioteca. Não só do piso, como também das estantes de livros e dos equipamentos.

A limpeza diária do piso é feita com pano pouco úmido, e, para os equipamentos, usa-se uma flanela seca, evitando o deslocamento da poeira para as estantes. Vassouras e espanadores são objetos proibidos na biblioteca, porque simplesmente mudam a posição da poeira.

A higienização dos livros é feita, no dia a dia, limpando a parte de cima dos volumes – mais exposta à poeira – com pano seco. A higienização é facilitada pelo correto armazenamento dos livros. Algumas recomendações: mantê-los a pelo menos a sete centímetros das paredes, o que possibilita ventilação adequada, não apertar os volumes uns aos outros, deixando-os mais soltos na vertical e seguros por bibliocantos.

A limpeza rotineira tem que ser feita constantemente para manter o espaço limpo e agradável de ser usado. Facilitar essa limpeza é outro motivo – além do estético, já mencionado – para não atravancar a biblioteca com objetos desnecessários.

A limpeza mais profunda – limpar livro por livro, aproveitando para observar se precisam ser consertados, receber algum tratamento específico ou mesmo serem retirados da coleção em função de seu estado – deve ser feita em intervalos que dependem de fatores tais como localização da biblioteca, se é climatizada ou não, entre outros. Esse tipo de limpeza pode ser feito durante as férias escolares.

A presença de fungos, bactérias, insetos pode ocorrer. Assim, a proibição de alimentos na biblioteca faz sentido. Alunos e funcionários devem entender que não podem comer ou manter alimentos no local, para evitar atrair insetos e danificar os materiais.

Conforme mencionado anteriormente, a ideia de *preservação* implica o envolvimento do usuário, que precisa entender que tem responsabilidade com o uso do material da biblioteca cuja utilização é coletiva. Algumas regras básicas: não puxar o livro pela lombada, não rabiscar ou dobrar as páginas, não colar fita adesiva no livro, manusear com as mãos limpas e não deixar o material exposto ao sol.

A equipe de uma biblioteca escolar de Florianópolis, Santa Catarina, envolveu alunos na questão da preservação, realizando oficinas em que as crianças aprenderam, de forma prática e lúdica, sobre seu papel na higienização dos materiais da biblioteca, o que as levou a compreender que não só o acervo é um bem comum, como também devem colaborar para manter o espaço limpo e agradável (Pacheco, 2007).

A conservação tem forte componente preventivo, cujo objetivo é evitar que os materiais cheguem a necessitar de restauração. Entretanto, no âmbito da biblioteca escolar, não podemos deixar de falar em reparos, pois o desgaste ocorre naturalmente em função do uso.

O manual publicado pela Secretaria Estadual de Cultura de São Paulo (Antunes, 2010) apresenta recomendações de como fazer pequenos reparos em acervos bibliográficos. No Prefácio, a bibliotecária Adriana Ferrari diz: "O interessante foi perceber que a principal causa do desgaste dos livros decorre do uso pelos leitores. Constatação extremamente positiva foi saber que os livros desgastam-se no cumprimento de seu papel, do seu objetivo principal: serem lidos" (Antunes, 2010, p. 7).

Essa citação lembra a primeira lei de Ranganathan[12]: "os livros são para serem usados" (Figueiredo, 1992, p. 186). Assim, a preocupação com a preservação não pode chegar ao ponto de dificultar o uso do livro pelos leitores, com a criação de regras excessivas e pouco claras para o usuário. Por outro lado, é importante lembrar que, nas bibliotecas brasileiras, ainda é necessário tomar certos cuidados para manter o acervo utilizável o tempo mais longo possível, porque os recursos financeiros são escassos.

Pequenos reparos podem ser feitos, e, nesse sentido, manuais que ensinam na prática a fazer consertos simples são úteis: *Técnicas alternativas de conservação* (Gomes; Motta, 1997) se destaca por apresentar maneiras fáceis de reparar livros, adequadas a bibliotecas escolares com poucos recursos.

Sintetizando, é necessário ter em mente que a manutenção de espaço e coleção física demanda cuidados. Encerrada essa parte, no próximo capítulo, começarei a tratar da formação e do desenvolvimento da coleção, na perspectiva de seu conteúdo.

---

[12] Shiyali Ramamrita Ranganathan (1892-1972) foi um bibliotecário e pensador indiano que elaborou o que é conhecido como "as cinco leis de Ranganathan", as quais constituem princípios básicos da Biblioteconomia e até hoje orientam e inspiram bibliotecários do mundo inteiro.

Referências

Antunes, Margaret Alves. *Pequenos reparos em material bibliográfico*. São Paulo: Secretaria de Estado da Cultura de São Paulo, 2010. 92 p. (Notas de biblioteca; 2). Disponível em: https://spleituras.org.br/wp-content/uploads/2015/06/NOTAS-DE-BIBLIOTECA-N-2.pdf. Acesso em: 30 mar. 2024.

Figueiredo, Nice M. de. A modernidade das cinco leis de Ranganathan. *Ciência da Informação*, v. 21, n. 3, p. 186-191, 1992. Disponível em: https://revista.ibict.br/ciinf/article/view/430. Acesso em: 30 mar. 2024.

Fundação Catarinense de Cultura. *Recomendações técnicas para reabertura de bibliotecas públicas ligadas ao sistema de bibliotecas públicas de Santa Catarina*: medidas preventivas covid-19. Florianópolis, 2020. Disponível em: file:///C:/Users/Bernadete/Downloads/Recomenda%C3%A7%C3%B5es%20para%20reabertura%20de%20Bibliotecas%20-%20SBPSC.pdf. Acesso em: 6 maio 2024.

Gomes, Sônia de Conti; Motta, Rosemary Tofani. *Técnicas alternativas de conservação*: um manual de procedimentos para manutenção, reparos e reconstituição de livros, revistas, folhetos e mapas. 2. ed. Belo Horizonte: Ed. UFMG, 1997.

Pacheco, Raquel. Higienização do acervo da Biblioteca Monteiro Lobato: relato de experiência. *PerCursos*, Florianópolis, v. 8, n. 2, p. 90-99, jul./dez. 2007. Disponível em: https://www.periodicos.udesc.br/index.php/percursos/article/viewFile/1555/1296. Acesso em: 30 mar. 2024.

Capítulo 22
A formação e o desenvolvimento da coleção

No capítulo anterior, tratei da limpeza da biblioteca e da higienização do acervo, buscando mostrar a importância de se criar um ambiente seguro, confortável e agradável para os usuários.

Neste capítulo, o foco ainda é a coleção, mas na perspectiva de seu conteúdo. Na Biblioteconomia, as decisões a respeito dos materiais que irão compor a coleção são tratadas como "formação e desenvolvimento do acervo".[13] É um processo central na biblioteca. Atualmente, a escolha dos itens que vão formar a coleção constitui um desafio, devido à quantidade de materiais disponíveis.

Historicamente nem sempre foi assim. Na Antiguidade, e até o século 15, os bibliotecários trabalhavam com a ideia da exaustividade, ou seja, queriam que a biblioteca incluísse a totalidade do que era publicado nos assuntos de seu interesse. Com a invenção da imprensa e a proliferação de materiais, a situação mudou e hoje não se fala mais em exaustividade com relação a acervos de bibliotecas.

---

[13] Neste livro, as palavras "coleção" e "acervo" são usadas como sinônimos.

As próprias bibliotecas nacionais, que são instituições encarregadas de colecionar o patrimônio intelectual de um país, já estão trabalhando com certo nível de seletividade.

Na biblioteca escolar, a seleção dos materiais e o processo de formação e desenvolvimento do acervo assumem importância central. A coleção deve ser entendida como algo escolhido, selecionado para fazer parte daquela biblioteca. Quando se fala em escolha e seleção, para começar, está-se falando de conflitos. O processo é naturalmente conflituoso, porque prioridades terão que ser dadas a certos materiais. Assim, o pessoal da biblioteca precisa de instrumentos que apoiem as decisões e minimizem os conflitos.

O primeiro é a *política de seleção*, que é um documento escrito, no qual se registram os critérios para a escolha dos materiais da biblioteca. A política de seleção constitui um instrumento útil porque vai apoiar a equipe nas decisões para a compra dos materiais, principalmente levando-se em conta que os recursos geralmente são escassos. Isso possibilita maior visibilidade da biblioteca, dando transparência a escolhas e imprimindo personalidade à coleção.

Esses critérios devem ser bem claros e definidos, de forma a embasar solidamente o processo de escolha dos materiais. A política deve ser construída de maneira democrática, garantindo-se que todos os segmentos da escola participem de sua elaboração, procurando equilíbrio entre todas as matérias do currículo, séries e níveis de ensino, e entre tipos de material, gênero literário, portador e formato.

O número de exemplares de cada material deve ser definido para evitar excessos que podem ocorrer, por exemplo, no caso de doações e de inclusão de livros didáticos. A política também deve incluir regras para o descarte do material, tendo em vista que a coleção é algo vivo, que permanentemente sofre alterações. Assim, a política deve procurar abarcar todas as questões que afetem a coleção, principalmente aquelas mais problemáticas, que exigem diálogo e comprometimento com a qualidade dos materiais e com a missão da biblioteca.

Exemplo de uma política de seleção de materiais é aquela elaborada por bibliotecários da rede de bibliotecas do sistema municipal de ensino de Belo Horizonte (Belo Horizonte, 2009), a qual constitui exemplo de política geral, feita para a rede de bibliotecas do referido sistema. Pode ser usada como orientação para as bibliotecas individuais, mas deve ser adaptada a cada tipo de escola, porque a política deve refletir aspectos específicos da escola, como o currículo e a cultura.

Outro instrumento útil para o processo de formação e desenvolvimento da coleção é a *comissão de seleção*. Sendo a seleção um processo democrático, a comissão deve ser formada por representantes de todos os segmentos da comunidade escolar, inclusive pais e pessoas da comunidade, que tomarão as decisões finais sobre a compra dos materiais. O trabalho da comissão precisa ser ágil, evitando reuniões improdutivas que resultem em atrasos.

O processo de formação e desenvolvimento da coleção envolve também a *aquisição*, que depende das normas de cada instituição. O setor responsável pelas compras deve receber uma lista detalhada dos materiais, com todas as informações importantes sobre cada um, a fim de que o processo ocorra de forma rápida e sem equívocos.

Além da compra, o processo de aquisição se complementa com *doações* que possam ser recebidas pela biblioteca. É importante entender que materiais doados devem passar pelo mesmo crivo dos materiais adquiridos por compra. O doador deve ser informado que, se o material não estiver nos critérios estabelecidos pela política, não será incorporado ao acervo. Isso também ocorre com a *permuta*, ou troca de materiais entre bibliotecas, que é uma prática ultimamente pouco usual, mas que pode ocorrer.

A formação e desenvolvimento da coleção implica também o processo oposto: a retirada de materiais que eventualmente estão desatualizados, não atendendo mais aos interesses da escola. Geralmente, o *descarte* se justifica quando: (1) o material já não atende às necessidades informacionais da comunidade e é pouco ou nunca usado; (2) o conteúdo está desatualizado; (3) encontra-se em mau estado de conservação e não pode ser reparado; e (4) o formato está desatualizado, impedindo a utilização. Esse processo, de certa maneira, provoca desconforto para as pessoas encarregadas de realizá-lo. É sempre um pouco perturbador decidir sobre "jogar material fora",[14] quando se pensa, por exemplo, que ele pode ser necessário futuramente. Nesse caso, é possível recorrer ao *desbastamento*, que é diferente do *descarte*, porque o material não é jogado fora, mas remanejado e mantido em depósito – como um acervo inativo – podendo ou não, voltar ao acervo ativo. Além disso, ajuda no arejamento da coleção, mas é pouco usado no Brasil, pois são poucas as bibliotecas que contam com espaço para guardar e manter esse material.

No caso do descarte, instituições mantidas com recursos públicos têm que levar em conta questões de tombamento, aspectos legais que envolvem esse processo. No Brasil, a Lei n.º 10.753/2003, que define a política nacional

---

[14] Nas bibliotecas, livros e outros materiais descartados são sempre enviados para a reciclagem.

do livro (Brasil, 2003) retirou desse material a característica de material permanente apenas com relação as bibliotecas públicas. Existem dúvidas com relação à questão, pois a referida lei não define com precisão o que considera "biblioteca pública", dando margem a interpretação que pode considerar o ponto de vista jurídico (Centro, 2022) ou o biblioteconômico (Silva, 2015). Esse é um assunto que deve ser esclarecido por meio de diálogo entre bibliotecários e pessoas envolvidas com a questão.

O processo de formação e desenvolvimento de coleção pode se beneficiar de estudos de usuário ou estudos de comunidade, que são levantamentos formais, sistemáticos, que mapeiam necessidades dos usuários e padrões de uso da coleção. Entretanto, nem sempre a biblioteca tem recursos (principalmente humanos) para realizar esses estudos. Mas o acompanhamento constante, pela equipe da biblioteca, das mudanças curriculares, das preferências de leituras dos alunos e professores, dos projetos da escola, deve ocorrer, devendo o responsável pela biblioteca participar formalmente das reuniões pedagógicas da escola, a fim de se manter permanentemente a par da situação. A atenção às necessidades de informação dos usuários e da escola fornecerá subsídios para ajustes na política de seleção, que não é um instrumento rígido, imutável e deve ser expandida ou modificada para refletir as possíveis transformações dos objetivos e programas da escola.

A garantia de uma coleção de qualidade também está embasada no conhecimento do mercado editorial. O gestor da biblioteca tem que se manter atualizado com relação a produção de materiais (incluindo os digitais) para eventualmente sugerir conteúdos que possam ter passado desapercebidos pelos professores.

Mesmo com uma boa política de seleção, a coleção precisa ser avaliada. Entretanto, estudos de usuários não acontecem por falta de recursos, assim como ocorre com a avaliação formal da coleção. Uma possibilidade para superar essa deficiência seria avaliar aspectos específicos da coleção, como a qualidade do material, o equilíbrio da coleção por disciplinas e por turmas, o estado de conservação do material. Isso pode ser feito por meio de levantamento da percepção de usuários, usando questões objetivas.

Se a biblioteca conta com um sistema eficiente de gestão e organização informatizado, ele pode estar constantemente fornecendo dados sobre a coleção, quantidade material incorporado por período, quantidade de material por disciplina, quantidade de material por nível de ensino, enfim, estatísticas que podem subsidiar a gestão da coleção.

Finalizando, entende-se que a coleção da biblioteca constitui um conjunto de materiais escolhidos. Não é um amontoado aleatório e, nesse sentido, é diferente da internet, que constitui um acúmulo de informações incluídas por qualquer pessoa e, muitas vezes, sem critérios de qualidade. A coleção é o resultado de um processo intencional e transparente, que espelhará o universo da escola.

Entretanto, conteúdos da internet têm que fazer parte da coleção. Assim, o próximo capítulo tratará da questão de como incorporar a internet à coleção da biblioteca escolar.

Referências

Belo Horizonte. Prefeitura Municipal. Secretaria Municipal de Educação. *Política de desenvolvimento de acervo das bibliotecas escolares da Rede Municipal de Educação de Belo Horizonte*. Belo Horizonte: Programa de Bibliotecas, Grupo de Estudos de Acervo, 2009. 29 p. Disponível em: https://issuu.com/coordenadoriadoprogramadebiblioteca/docs/pdabe_rmebh_final_novembro. Acesso em: 31 mar. 2024.

Brasil. Lei n.º 10.753, de 30 de outubro de 2003. Institui a Política Nacional do Livro. Brasília, 2003. Disponível em: https://legis.senado.leg.br/sdleg-getter/documento?dm=4489437&disposition=inline. Acesso em: 31 mar. 2024.

Centro Federal de Educação Tecnológica de Minas Gerais. Coordenação de Logística. *Qual a diferença entre material permanente e material de consumo?* Belo Horizonte, 2022. Disponível em: https://www.slog.cefetmg.br/divisao-de-patrimonio-dipat/perguntas-frequentes/1-qual-a-diferenca-entre-material-permanente-e-material-de-consumo/. Acesso em: 31 mar. 2024.

Silva, Ronaldo. Material bibliográfico como bem permanente ou bem de consumo? *Há Biblioteconomia*: sobre a biblioteconomia e outras histórias. 4 ago. 2015. Disponível em: http://habiblioteconomia.blogspot.com/2011/08/material-bibliografico-como-bem.html. Acesso em: 1 abr. 2024.

Capítulo 23
A internet como parte da coleção

No capítulo anterior, tratei da formação do acervo da biblioteca, insistindo na ideia de que ela constitui o resultado de escolhas feitas intencionalmente e, nesse sentido, é diferente da internet. Não é por acaso que a internet tem sido comparada à torre de Babel, metáfora que reflete o fato de ela consistir em um acúmulo de informações e opiniões, que podem ser uma fonte de confusão, levando a dificuldade de entendimento e interpretação.

Entretanto, embora não substitua a biblioteca na escola, a internet não pode ser ignorada como recurso informacional e, portanto, tem que fazer parte da biblioteca. Essa ideia é reforçada pelo fato de que a Base Nacional Comum Curricular (BNCC) enfatiza as linguagens e a cultura digitais, e porque crianças e jovens já incorporaram a rede em seus hábitos diários,[15] não apenas buscando informações, mas também se colocando na posição de protagonistas, isto é, produtores de informação.

---

[15] No Brasil, 92% de crianças e adolescentes entre 9 e 17 anos de idade eram usuárias da Internet, de acordo com pesquisa realizada em 2022 pelo Centro Regional de Estudos para o Desenvolvimento da Sociedade da Informação (Cetic.br) (Pesquisa, 2023).

Incorporando materiais digitais, mas mantendo a coleção física, a biblioteca escolar passa a ser uma biblioteca híbrida, aproveitando a riqueza do universo digital, sem deixar de abrigar livros impressos – que ainda são apreciados por muitos leitores – em um espaço físico bem reconhecido.

Diversos materiais da cultura impressa foram incorporados à rede, mantendo suas características originais. O livro é um exemplo: muitos deles reproduzem até a maneira de passar as páginas, típica do livro impresso. Revistas migram para o digital utilizando recursos como fascículos, números, volumes (que representam a periodicidade), ou seja, as mesmas peculiaridades de sua forma impressa usada no século 17, quando o periódico científico foi inventado. Sem dúvida, inovações na forma dos materiais ocorreram, especialmente em obras de referência, como dicionários, fontes de informação estatística, geográfica, utilitária. Portanto, todas as disciplinas do currículo escolar são beneficiadas com informações disponíveis na internet, além do fato de que o uso desses materiais pode ser potencializado com a hipertextualidade e a disponibilidade de mídias variadas.

A incorporação da internet no acervo da biblioteca implica seleção, nos mesmos moldes da coleção impressa. Um material gratuito também deve passar pelos critérios estabelecidos pela política de seleção da biblioteca.

Autoridade da fonte, adequação ao nível de aprendizagem do aluno, equilíbrio, entre outros critérios, têm que ser levados em consideração, com relação ao material da internet a ser incorporado a coleção.

Alguns aspectos no que diz respeito à seleção são específicos da rede, como no caso da Wikipédia (sobre a qual falamos no Capítulo 7 deste livro), que não pode ser avaliada como uma enciclopédia tradicional. O uso dela exige, por exemplo, que cada verbete seja avaliado individualmente. Portanto, algumas questões relativas à seleção mudam na internet, e certos assuntos, como informações geográficas, devem receber tratamento específico (Vianna, 2000). Além disso, o material audiovisual, que é muito abundante na internet, também demanda critérios especiais (Gomes, 2008).

Na biblioteca, o acesso ao material selecionado da internet seria introduzido sistematicamente no catálogo[16] da biblioteca, e, da mesma maneira que o catálogo direciona o aluno para encontrar um livro físico na estante, seria orientado para encontrar material virtual de todos os tipos na rede, dando acesso, de preferência, ao texto completo.

Com relação ao uso, é notável que a internet trouxe independência para os alunos: eles usam a internet sem recorrer ao bibliotecário ou ao professor. Um estudo realizado pelo Gebe (Campello *et al*, 2000) mostrou com clareza que os alunos menores pediam ajuda dos pais, tios ou avós quando usavam a rede, mas os maiores recorriam aos colegas. Nesse caso, o bibliotecário e o professor passavam ao largo dessas orientações, ou seja, o estudante ignorava a biblioteca, o bibliotecário e a escola no uso da internet.

Pesquisas têm mostrado também que crianças e jovens não são bons buscadores de informação, usando estratégias primárias, que consistem em "jogar" um termo qualquer no Google e usar o material que aparece no início da lista. Não têm discernimento para escolher os melhores

---

[16] Catálogo é o instrumento que reúne dados dos materiais que a biblioteca possui e que, atualmente, é automatizado na maioria das bibliotecas. No Capítulo 26, trataremos desse e de outros instrumentos utilizados na organização do acervo da biblioteca.

e mais adequados, e ficam vulneráveis às armadilhas das informações incorretas.

Isso aponta para a necessidade de se integrar o ensino de habilidades informacionais nas estratégias didáticas dos professores, para que os alunos não só usem melhor a internet na busca de informações, como também compreendam o universo informacional com que estão lidando.

A competência no uso da informação digital, recomendada pela BNCC, exige que o bibliotecário e o pessoal da biblioteca busquem constantemente apoio para as suas decisões sobre o que incorporar na coleção. Instrumentos como a política e a comissão de seleção, recomendados para apoiar a biblioteca na escolha dos materiais, tornam-se imprescindíveis para tornar o processo de seleção menos espinhoso, considerando-se a turbulência do ambiente informacional da internet.

Sintetizando, as questões de seleção tornam-se cada vez mais complexas, considerando a diversidade de opiniões e o fenômeno da disseminação de notícias falsas (*fake news*), o que exige cuidado e atenção dos responsáveis. Criar e manter uma boa coleção não exime a biblioteca de se preocupar com o desenvolvimento de habilidades informacionais, que preparem os alunos para reconhecer notícias falsas e pós-verdades, se proteger do *cyberbullying* e de discursos de ódio presentes nas mais variadas instâncias da internet e das mídias sociais. A BNCC reforça essa preocupação em diferentes momentos da formação, recomendando estratégias para desenvolver um olhar competente e crítico com relação a tais questões (Brasil, 2018, p. 177, 488, 521).

O capítulo a seguir tratará de um tema sujeito a controvérsias, que pode afetar decisões sobre a seleção do material da biblioteca e influenciar a política de formação e desenvolvimento da coleção. Trata-se da oposição entre a literatura canônica – fortemente presente na escola – e a literatura de entretenimento, representada pelos chamados *best-sellers*. A questão é: como lidar com a literatura de entretenimento na biblioteca?

Referências

Brasil. Ministério da Educação. *Base Nacional Comum Curricular*. Brasília: Secretaria de Educação Básica, 2018. Disponível em: http://basenacionalcomum.mec.gov.br/abase/. Acesso em: 1 abr. 2024.

Campello, Bernadete *et al*. A internet na pesquisa escolar: um panorama do uso da web por alunos do ensino fundamental. *In*: Congresso Brasileiro de Biblioteconomia e Documentação, 19., 2000, Porto Alegre. *Anais...* Porto Alegre: ARB, 2000. Disponível em: http://gebe.eci.ufmg.br/downloads/T029.pdf. Acesso em: 1 abr. 2024.

Gomes, Luiz Fernando. Vídeos didáticos: uma proposta de critérios para análise. *Revista Brasileira de Estudos Pedagógicos*, Brasília, v. 89, n. 223, p. 477-492, set./dez. 2008. Disponível em: https://rbep.inep.gov.br/ojs3/index.php/rbep/article/view/3710. Acesso em: 1 abr. 2024.

Pesquisa sobre o uso da Internet por crianças e adolescentes no Brasil: TIC Kids Online Brasil 2022. São Paulo: *NIC.br; Cetic.br; CGI.br*, 2023. Disponível em: https://cetic.br/media/docs/publicacoes/1/20230825142135/tic_kids_online_2022_livro_eletronico.pdf. Acesso em: 1 abr. 2024.

Vianna, Márcia Milton. A internet na biblioteca escolar. *In*: Campello, Bernadete *et al*. *Biblioteca escolar*: temas para uma prática pedagógica. Belo Horizonte: Autêntica, 2000. p. 37-41.

Capítulo 24

Best-sellers: como lidar com a literatura de entretenimento?

Avançando no tema da coleção da biblioteca escolar, este capítulo aborda os *best-sellers* – em português, os "mais vendidos" –, que compõem a chamada *literatura de entretenimento*. Livros como os das séries Harry Potter, Diário da Princesa e a coleção Fala Sério, de Talita Rebouças, são alguns exemplos. A literatura de entretenimento costuma ser criticada como literatura de mercado ou literatura de consumo e tem sido chamada algumas vezes de subliteratura. Pode ser classificada como literatura de massa, no sentido de que atinge grande número de leitores (Medeiros, 2015).

A literatura tem um lugar cativo na escola, havendo consenso de que ela deva ser oferecida às crianças desde a educação infantil. A BNCC diz que as experiências com a literatura infantil "[...] contribuem para o desenvolvimento do gosto pela leitura, do estímulo à imaginação e da ampliação do conhecimento de mundo" (Brasil, 2018, p. 42). Pode-se afirmar que há consenso entre os educadores sobre a importância da literatura na escola.

Mas o que é literatura? Ou melhor, o que é a "boa" literatura? Em princípio, é a chamada literatura canônica ou literatura erudita, e vários adjetivos são usados para caracterizá-la: literatura séria, literatura culta. Inicialmente, é necessário perguntar quem define o que é uma boa literatura. Isso leva ao conceito de "cânone", que é o conjunto de obras reconhecidas por sua qualidade literária, seja no âmbito de determinado país, região, ou no mundo. Quem produz o cânone? Quem contribui para o estabelecimento e a manutenção do cânone?

Diversas instituições e práticas estão envolvidas no processo: *manuais de história da literatura*, escritos por intelectuais, como as histórias da literatura brasileira de autoria de Sílvio Romero, de Ronald de Carvalho e outros, assim como *antologias*, que são seleções feitas por críticos reconhecidamente competentes, contribuem para estabelecer o cânone.

A *crítica literária* é outra prática que influencia a instituir o cânone, embora esteja em processo de desaparecimento no Brasil (Fogaça, 2015), dando lugar a resenhas e comentários feitos por *booktubers*.

Premiações como a da Fundação Nacional de Literatura Infantil e Juvenil (FNLIJ), *festivais literários* como a Festa Literária Internacional de Paraty (Flip) são ações que, atualmente, introduzem ou consolidam obras e autores no cânone.

O cânone escolar especificamente é constituído pelo conjunto de leituras a serem feitas pelos alunos na escola, constituindo uma rede de controle, já que as obras são selecionadas pelos adultos. Quem define o cânone na escola? Inicialmente, o *professor*, a categoria mais influente na definição de quais serão as leituras dos alunos.[17]

---

[17] A busca por escolhas mais democráticas de leitura na escola pode acontecer, como apresentado em Bunzen Júnior e Dantas (2021).

Bibliotecários têm pouca influência na formação do cânone escolar, raramente aproveitando seu conhecimento, tanto do mercado livreiro como das trajetórias de leituras dos alunos, para influenciar leituras na escola.

Programas governamentais, como o Programa Nacional Biblioteca na Escola (PNBE), são fortes influenciadores do que se lê na escola. A seleção do PNBE é considerada muito boa pelos educadores, mas continua representando o que os adultos querem que crianças e jovens leiam na escola.

Levando em conta as influências estabelecidas sobre leitura na escola, qual seria o lugar dos *best-sellers* nesse contexto? A literatura de entretenimento, em geral, possui características peculiares, a saber, são narrativas lineares, repletas de lugares comuns, de estilo pouco original, com enredos previsíveis, que resultam em uma leitura fácil. As histórias são produzidas com base em uma fórmula, que atende ao gosto e às expectativas da maioria dos leitores (Lima; Souza; Corsi, 2015, p. 198).

A produção da literatura de entretenimento envolve estratégias editoriais, por exemplo, a continuidade, a qual cria uma expectativa que leva leitores a aguardar com ansiedade cada lançamento. A transformação em outras mídias, sejam filmes ou séries televisivas, realimenta o consumo: quem lê o livro quer ver a série, quem vê a série quer ler o livro, e, assim, a rede de aficionados aumenta.

Enfim, como a biblioteca pode lidar com esse material? Analisando a posição da BNCC sobre a questão, é possível encontrar soluções. A BNCC baseia suas recomendações na ideia da diversidade cultural e dos multiletramentos, ou seja, das variadas possibilidades de prática de leitura e de uso da linguagem na sociedade contemporânea. Assume que a escola deva "contemplar o cânone, o marginal, o culto, o popular, a cultura de massa, a cultura das mídias, a cultura digital, as culturas infantis e juvenis de forma a garantir uma ampliação de repertório e uma interação e trato com o diferente" (Brasil, 2018, p. 70). É argumento para que a biblioteca forme uma coleção variada, que inclui diferentes gêneros textuais, dando aos alunos oportunidade de ampliar seus horizontes e aprender a lidar com as diferenças, que são atitudes possibilitadas pela literatura.

A BNCC vai além, recomendando que os alunos aprendam a relação, entre a arte em geral e a literatura em particular, com o consumo, com o mercado, entendendo criticamente como os artefatos culturais são produzidos e consumidos.

Estudos acadêmicos sobre *best-sellers* estão esclarecendo sobre a relação dos jovens com a literatura de entretenimento. A pesquisa de Luiza Trópia Silva revelou que esse tipo de leitura sustenta o desejo de pertencimento dos jovens e, além disso, cria um circuito independente de leitura (Silva, 2012). Os jovens entrevistados na pesquisa disseram que liam esses livros não porque a escola indicasse, ou seja, não eram livros "da escola", eram livros que eles escolhiam para ler. Afirmaram que a leitura desses livros constituía um desafio, por serem livros "grossos", extensos, além de constituírem uma leitura prazerosa.

Outro estudo, em que as pesquisadoras entrevistaram jovens em uma livraria de um shopping de Goiânia, em Goiás, revelou a forte influência dos *best-sellers* em sua formação leitora e concluiu que "[...] atualmente, a escola perde o posto, dominado por décadas, de principal motivadora da prática de leitura literária entre os jovens" (Lima; Souza; Corsi, 2015, p. 203). As autoras consideram que esse fato não modifica a relevância e a permanência da literatura nos currículos escolares, mas entendem que

> Perante a concorrência dos *best-sellers*, talvez a estratégia mais propícia para uma boa formação de leitores, seja a de adotar uma posição de multiletramentos, que dá ao leitor o amplo campo dos variados suportes e gêneros, com o aprendizado da riqueza da linguagem que cada um deles proporciona (Lima; Souza; Corsi, 2015, p. 203).

A conclusão é que a escola não pode ignorar esse material, que deve ser analisado não só pela qualidade literária, mas também em função do que representa para os jovens. A leitura do cânone, de literatura de reconhecida qualidade, deve ser objetivo da escola, mas a turbulência informacional, característica da contemporaneidade, exige dos mediadores uma postura aberta e flexível. A diluição de fronteiras entre os gêneros impede a classificação precisa da literatura e de outras formas artísticas. Exemplo é o Prêmio Nobel de literatura de 2016, dado a Bob Dylan, um astro da música, cujas canções foram promovidas à condição de literatura.

A equipe da biblioteca terá de se preparar para lidar com essa questão, acompanhando a posição das políticas educacionais, conhecendo estudos acadêmicos e dialogando com pares, preparando-se para estabelecer políticas de seleção coerentes e afinadas com a realidade. Acolhendo a variedade textual, a coleção da biblioteca abre espaço para novas possibilidades de leitura que surgem na atualidade.

A instabilidade informacional reforça a necessidade de instrumentos de seleção, já mencionados no Capítulo 22 deste livro, e exige que sejam cada vez mais elaborados com base em trabalho conjunto, em ideias compartilhadas, em diálogos ponderados. Assim, a equipe da biblioteca estará preparada para lidar com possíveis conflitos que possam ocorrer no oferecimento de textos literários para os alunos e manter a coleção afinada com os objetivos da escola.

O capítulo a seguir tratará de um assunto que afeta a vida da escola e tem influência no processo de formação e desenvolvimento da coleção. É o que chamo de *temas polêmicos*, os quais envolvem questões conflitantes, que precisam ser tratadas com cuidado e atenção.

Referências

Brasil. Ministério da Educação. *Base Nacional Comum Curricular*. Brasília: Secretaria de Educação Básica, 2018. Disponível em: http://basenacionalcomum.mec.gov.br/abase/. Acesso em: 1 abr. 2024.

Bunzen Júnior, Clécio dos S.; Dantas, Lucas. Escolhas literárias e uso de antologias poéticas na sala de aula do ensino médio. *EntreLetras*, v. 11, n. 3, p. 170-191, 2021. Disponível em: https://sistemas.uft.edu.br/periodicos/index.php/entreletras/article/view/9141. Acesso em: 1 abr. 2024.

Fogaça, Zaqueu. Os dilemas da crítica literária contemporânea. *Entretextos*, 3 maio 2015. Disponível em: https://www.portalentretextos.com.br/post/os-dilemas-da-critica-literaria-contemporanea. Acesso em: 1 abr. 2024.

Lima, Sirleide de Almeida; Souza, Agostinho Potenciano de; CORSI, Solange da Silva. O best-seller e a formação do gosto pela leitura dos jovens leitores. *Revista Eco-Pós*, v. 18, p. 190-204, 2015. Disponível em: https://revistaecopos.eco.ufrj.br/eco_pos/article/view/1387. Acesso em: 1 abr. 2024.

Medeiros, Martha. *Best-seller*: a culpa do sucesso. Entrevista concedida a Super Libris, 12 abr. 2015. 1 vídeo (26 min). Publicado por Sesc TV. Disponível em: https://www.youtube.com/watch?v=LZ-VUySK--Hw. Acesso em: 1 abr. 2024.

Silva, Luiza Trópia. Leitores de Harry Potter: entre livros, leituras, telas, encontros. *In*: Simpósio Internacional de Ensino Da Língua Portuguesa, 2012, Uberlândia. *Anais do SIELP*, v. 2, n. 1, 2012. Disponível em: https://www.ileel.ufu.br/anaisdosielp/wp-content/uploads/2014/07/volume_2_artigo_192.pdf. Acesso em: 1 abr. 2024.

Capítulo 25
Temas polêmicos e a biblioteca escolar

Neste capítulo, tratarei do que chamo "temas polêmicos", questões ligadas a sexualidade, violência, preconceito, suicídio, entre outros, que estão presentes, com mais ou menos frequência na vida das pessoas e que impactam a escola, e, consequentemente a biblioteca escolar. São polêmicos porque costumam provocar conflitos, em função de pontos de vista diferentes e, além disso, afetam a sensibilidade das pessoas. São temas difíceis, espinhosos, delicados, que precisam ser enfrentados de maneira cuidadosa e sensível.

O episódio ocorrido em um colégio católico de Belo Horizonte (Oliveira, 2018) exemplifica o embate que caracteriza essas situações. No caso em questão, pais de alunos entraram na justiça contra o colégio por causa da veiculação, no site da escola, de uma peça publicitária a respeito de gênero. A reação da direção foi no sentido de explicar que a escola não podia estar afastada de questões sociais; precisava trazer tais questões para serem discutidas com os alunos. Na verdade, a escola estava mostrando que não existe separação entre o mundo da escola e o mundo da vida.

Quando temas delicados e sensíveis, como suicídio, violência e gravidez na adolescência, vem à tona, a escola se depara com situações conflitantes, pois há pais que consideram que esses assuntos são da alçada da família. Por outro lado, há pais que reconhecem que a escola precisa abrir espaço a essas questões para serem discutidas coletivamente.

Para lidar bem com a situação, é necessário entender, inicialmente, como as diretrizes educacionais oficiais tratam da questão. A BNCC, por exemplo, inclui alguns temas sensíveis como parte do programa de diversas matérias. No ensino de História, no oitavo ano do ensino fundamental, os alunos têm que aprender a "estabelecer relações causais entre as ideologias raciais e o determinismo no contexto do imperialismo europeu e seus impactos na África e na Ásia" (Brasil, 2018, p. 427). Na área de Ciências, para a mesma série, os alunos, devem desenvolver habilidades de "selecionar argumentos que evidenciem as múltiplas dimensões da sexualidade humana (biológica, sociocultural, afetiva e ética)" (Brasil, 2018, p. 349). Nas antigas diretrizes curriculares, os Parâmetros Curriculares Nacionais (PCNs), esses temas estavam incluídos no bojo do que o documento chamava de "temas transversais", que envolviam, entre outros, assuntos como ética, pluralidade cultural, meio ambiente, saúde e orientação sexual. Assim, as diretrizes curriculares já apontam caminhos. Mas certa tensão é inevitável, considerando que há grupos na sociedade que almejam maior abertura curricular. Por exemplo, no ensino de História, há grupos que exercem pressão para que o currículo não se prenda a uma história elitista, mas aborde também a história de grupos marginalizados (Gil; Eugênio, 2018).

Qual será a posição da biblioteca com relação a questão? Inicialmente, é necessário lembrar que a Biblioteconomia entende a biblioteca escolar como "um espaço seguro, onde são incentivadas e apoiadas a curiosidade individual, a criatividade e o desejo de aprender e onde os alunos podem explorar diversos assuntos, inclusive temas controversos, em privacidade e segurança" (Diretrizes, 2015, p. 20). Esse trecho está presente no documento de duas associações profissionais de bibliotecários (IFLA e IASL) e sintetiza a ideia de liberdade, que constitui a base da profissão. Assim, a classe bibliotecária deve estar atenta para situações que restrinjam as possibilidades de acesso à informação.

Em seguida, deve-se pensar no bibliotecário como membro da equipe de determinada escola, por exemplo, uma escola confessional particular. Nesse caso, ele tem que estar alinhado com os princípios da escola, conhecer a posição da escola na questão dos temas controversos. Se essa posição estiver registrada em um documento, seja o projeto político pedagógico, ou uma diretriz específica, a questão fica clara. Entretanto, muitas vezes ela não está explícita nos documentos da escola. Então, o bibliotecário tem que acompanhar atentamente como as decisões a respeito são tomadas, participando de reuniões, dialogando com professores e gestores, tentando perceber como a escola lida com a questão.

Muitas vezes, esses temas não estão no planejamento dos professores, surgindo espontaneamente, por algum motivo, na sala de aula, pegando o professor de surpresa, mobilizando, às vezes, o currículo oculto na escola,[18] que precisa ser objeto de atenção do bibliotecário, entendendo como os professores agem com relação a essas questões. O diálogo permanente com o corpo docente é imprescindível, a fim

---

[18] O currículo oculto pode ser entendido como "ensinamentos e aprendizagens que acontecem de forma implícita, ou seja, nas entrelinhas das relações que se estabelecem no ambiente escolar" (Araújo, 2018, p. 30).

de que o bibliotecário se prepare para lidar com esses temas, no que diz respeito à biblioteca. Ali, os temas polêmicos estão relacionados principalmente aos livros e materiais da biblioteca. Foi o caso do episódio que ocorreu com o livro *O menino que espiava pra dentro*, de Ana Maria Machado. Em redes sociais, a autora foi acusada de incitar o suicídio. Apesar de estar há mais de 35 anos no mercado, um livro que faz parte do cânone escolar, indicado e utilizado em muitas escolas, presente em bibliotecas escolares, tornou-se o centro de uma polêmica sobre suicídio (Dini, 2018).

Essas situações são episódicas, não acontecem todo dia, mas podem ocorrer em diversos graus, por exemplo, quando um pai reclama que o filho pegou na biblioteca um livro inadequado para a sua faixa etária. Nesse caso, uma conversa deveria resolver o problema. O importante é que o bibliotecário ouça o que o pai tem a dizer, a fim de compreender sua posição e aproveitar para verificar se, de fato, o livro era adequado ao aluno. É também boa oportunidade de conversar com o pai sobre as leituras dos filhos e de mostrar que a biblioteca é um espaço de exploração que os alunos precisam aproveitar.

É muito raro um livro ter que ser retirado da biblioteca, em razão de reclamações de pais. Mais uma vez, chamo atenção para a importância de uma política de seleção bem elaborada, na qual os critérios de escolha estejam claros. E para uma comissão de seleção, que assessora o bibliotecário e a equipe da biblioteca em situações conflitantes, dando apoio para ajudar a resolver choques de opinião.

A seleção de livros sobre assuntos polêmicos ou controversos tem que ser feita com cuidado especial, pois os textos literários constituem recursos valiosos para esclarecer questões que afligem, principalmente adolescentes, e para ajudá-los a superar problemas. O Programa Nacional Biblioteca na Escola (PNBE) apresenta critérios claros, recomendando que "os textos deverão ser eticamente adequados, não se admitindo preconceitos, moralismos, estereótipos" (Brasil, 2009), o que reforça o cuidado com a escolha de materiais sobre temas polêmicos.

Sintetizando, o bibliotecário deve se preparar para tomar decisões, às vezes difíceis e, para tanto, precisa manter canais de diálogo aberto com os professores, com a gestão da escola e com os pais. O alinhamento com a escola não deve impedir que o bibliotecário faça a comunidade escolar compreender que a biblioteca tem de ser um espaço seguro para exploração de assuntos de interesse do aluno.

Nos capítulos 22 a 25, tratei de aspectos relacionados à coleção da biblioteca escolar. No capítulo a seguir, abordarei sua organização, processo que permite que os usuários tenham acesso aos materiais, encontrando o que precisam com facilidade e rapidez.

Referências

Araújo, Viviane Patrícia Colloca. O conceito de currículo oculto e a formação docente. *Revista de Estudos Aplicados em Educação*, v. 3 n. 6, p. 29-39, 2018. Disponível em: https://www.seer.uscs.edu.br/index.php/revista_estudos_aplicados/article/view/5341/2589. Acesso em: 1 abr. 2024.

Brasil. Ministério da Educação. *Base Nacional Comum Curricular*. Brasília: Secretaria de Educação Básica, 2018. Disponível em: http://basenacionalcomum.mec.gov.br/abase/. Acesso em: 1 abr. 2024.

Brasil. Ministério da Educação. Secretaria de Educação Básica. *Programa Nacional Biblioteca da Escola*: análise descritiva e crítica de uma política de formação de leitores. Ceale, 2009. Disponível em: http://portal.mec.gov.br/dmdocuments/pnbe.pdf. Acesso em: 1 abr. 2024.

Dini, Aline. A história por trás do livro de Ana Maria Machado, que gerou a polêmica do engasgo com a maçã. *Crescer Digital*, 10 set. 2018. Disponível em: https://revistacrescer.globo.com/Voce-precisa-saber/noticia/2018/09/historia-por-tras-do-livro-de-ana-maria-machado-que-gerou-polemica-do-engasgo-com-maca.html. Acesso em: 1 abr. 2024.

Diretrizes da IFLA para a biblioteca escolar. 2. ed. IFLA/IASL, 2015. Tradução portuguesa elaborada pela Rede de Bibliotecas Escolares de Portugal. Disponível em: https://www.ifla.org/files/assets/school-libraries-resource-centers/publications/ifla-school-library-guidelines-pt.pdf. Acesso em: 1 abr. 2024.

Gil, Carmem Zeli de Vargas; Eugênio, Jonas Camargo. Ensino de história e temas sensíveis: abordagens teórico-metodológicas. *Revista História Hoje*, v. 7, n. 13, p. 139-159, 2018. Disponível em: https://rhhj.anpuh.org/RHHJ/article/view/430. Acesso em: 1 abr. 2024.

Oliveira, Júnia. Gênero e sexualidade: entenda polêmica que opõe pais e o Colégio Santo Agostinho. *Estado de Minas*, Belo Horizonte, 27 nov. 2018. Disponível em: https://www.em.com.br/app/noticia/gerais/2018/11/27/interna_gerais,1008349/genero-e-sexualidade-entenda-polemica-que-opoe-pais-e-santo-agostinho.shtml. Acesso em: 1 abr. 2024.

Capítulo 26
Organização da coleção da biblioteca escolar

Este capítulo aborda a organização da coleção da biblioteca. É comum considerar que, pelo fato de ser uma biblioteca escolar, geralmente pequena, não há necessidade de organização formal para a coleção. Entretanto, qualquer biblioteca, por menor que seja, precisa ser organizada, de forma a possibilitar a identificação e localização dos materiais com facilidade e rapidez, observando-se a quarta lei de Ranganathan: "Poupe o tempo do leitor" (Figueiredo, 1992).

A organização da coleção é necessária para responder a duas necessidades: quando um usuário precisa de material de determinado autor ou assunto, inicialmente, ele consulta se a biblioteca possui esse material. Em seguida, precisa localizar o material na estante ou em outro local de armazenamento, quando se trata da coleção física. No caso de materiais virtuais, a localização é feita diretamente no catálogo.

O catálogo é o instrumento que reúne dados dos materiais que a biblioteca possui. Esse instrumento de organização existiu nas bibliotecas desde a Antiguidade, escritos nas paredes ou em tabletes de argila, que eram os suportes existentes na época. Posteriormente foram usados fichários, em que os registros dos livros eram apresentados alfabeticamente. Desde a década de 1990, com as possibilidades oferecidas pela tecnologia, os catálogos de muitas bibliotecas estão nos computadores e podem ser acessados de qualquer lugar – quando a biblioteca possibilita o acesso remoto – processo que facilita o uso e dá amplitude e visibilidade ao acervo.

No ambiente da biblioteca física, o usuário pode ignorar o catálogo e ir direto às estantes, fazer o que chamamos de *browsing*. Ele caminha entre as estantes, escolhe um livro porque achou o título interessante, ou porque gostou da capa; é como navegar na internet. Entretanto, esse tipo de disponibilização do acervo não é suficiente. É preciso um instrumento que registre e descreva os materiais que a biblioteca possui, e esse instrumento é o que na Biblioteconomia chamamos de *catálogo*.

A primeira operação para organizar o acervo é a *catalogação*, ou descrição dos materiais, que consiste em listar os elementos identificadores que, geralmente, são o título, o autor, o local de publicação, a editora, o ano de publicação. São elementos, ou *metadados*, que permitem a identificação precisa do material.

Existem instrumentos formais para fazer essa descrição, que possibilitam uniformização dos elementos, fazendo com que o registro de um livro catalogado em uma biblioteca seja praticamente idêntico ao do mesmo livro catalogado em outra biblioteca.[19] Atualmente, com os catálogos automatizados, os registros podem ser copiados.

---

[19] No Brasil, o instrumento de descrição mais utilizado é a segunda edição do Código de Catalogação Anglo-Americano, traduzido sob a coordenação da Febab e publicado em 2002. Disponível em: https://biblioteconomiasemcensura.files.wordpress.com/2013/05/aacr2_completo1.pdf. Acesso em: 7 maio 2024.

Por exemplo, os registros do catálogo da Biblioteca Nacional, por sua confiabilidade, costumam ser usados por outras bibliotecas, adaptados às suas necessidades específicas.

Outro processo usado na organização do acervo é a *classificação*, que consiste em determinar para cada livro ou material um código numérico, chamado "número de classificação", que não só identifica o assunto, mas também é o primeiro elemento que permitirá sua localização na estante ou no local de armazenamento. O número de classificação também é determinado a partir de instrumentos formais, como a Classificação Decimal Universal (CDU) e a Classificação Decimal de Dewey (CDD), criadas no fim do século 19 e consolidadas como recurso documentário em bibliotecas. As duas, como os próprios nomes indicam, são classificações decimais, em que cada classe de assunto recebe um número. São dez classes de assuntos gerais,[20] que são detalhados de acordo com a especificidade desejada pelas bibliotecas.

A classificação possibilitará que os livros sejam reunidos na estante por assunto, porque essa organização, na Biblioteconomia, é entendida como a mais lógica. Quando um usuário busca material sobre um assunto, ele encontra diversas opções, pois nas estantes ou em seu local de armazenamento, os materiais sobre determinado assunto estão reunidos.

---

[20] Por exemplo, a Classificação Decimal de Dewey (CDD) conta com as seguintes classes gerais: 000 Ciência da computação, informação e obras gerais; 100 Filosofia e psicologia; 200 Religião; 300 Ciências sociais; 400 Linguagem; 500 Ciência; 600 Tecnologia; 700 Artes e recreação; 800 Literatura; 900 História e geografia. Disponível em: https://www.oclc.org/content/dam/oclc/dewey/versions/print/intro.pdf. Acesso em: 7 maio 2024.

O número de classificação por si só não é suficiente para permitir a individualização do livro; então usam-se outros recursos, como a notação de autor, a qual consiste em um código numérico que representa o sobrenome do autor. Assim, se a biblioteca possui vários livros sobre um assunto do mesmo autor, esses livros podem ser individualizados pela notação de autor. A notação de autor é feita com base em instrumentos formais, que, na Biblioteconomia são chamados de tabela. A Tabela de Cutter, elaborada pelo bibliotecário norte-americano Charles Ammi Cutter, em 1880, e a Tabela PHA, da bibliotecária brasileira Heloisa de Almeida Prado, publicada pela primeira vez em 1964, são exemplos de tabelas de notação de autor utilizadas em bibliotecas brasileiras (Pedrão, 2016).

Um terceiro nível de individualização é dado por meio de recursos como ano de publicação, número da edição, volume, entre outros. Esse conjunto de elementos, que na biblioteca é usado para individualizar o livro, é denominado *número de chamada* (Santos, 2011).

O terceiro passo para a organização da coleção, na Biblioteconomia, é chamado *indexação*, que constitui o processo de definição de termos a partir dos quais os materiais são encontrados na biblioteca por assunto. Os instrumentos usados para efetuar a indexação são os tesauros e as listas de cabeçalho de assunto, que propiciam o estabelecimento de um vocabulário controlado, para dar consistência e coerência aos termos que serão usados para indexar os materiais. Na Biblioteconomia, existe o conceito de precisão, ou seja, trabalha-se para que o usuário encontre exatamente o livro ou o material de que precisa, e não para oferecer uma quantidade de opções que precisarão posteriormente ser selecionadas, identificadas e verificadas se atendem a sua necessidade.

Na indexação, a ideia é possibilitar o que chamamos *recuperação da informação*, com a maior precisão possível, para atender à necessidade do usuário. Entretanto, existe uma distância entre o que o usuário realmente deseja e o que o sistema é capaz de recuperar. Assim, na ciência da informação existem, já há algum tempo, estudos sobre as possibilidades de a inteligência artificial fornecer condições para o *processamento em linguagem natural* (PLN), que é a aplicação de um conjunto de técnicas e métodos computacionais que tornam os computadores capazes de compreenderem instruções escritas em linguagem natural (Martins, 2010). Mesmo assim, a busca de informações na biblioteca sempre resultou na apresentação de um ou mais documentos que o sistema considerou de interesse do usuário.

Hoje, os *chatbots* respondem à questão do usuário apresentando um texto pronto; geralmente não se conhece as fontes de onde foram retiradas as informações para a sua elaboração, o que envolve questões difíceis para a escola. (O uso do *chatbot* na escola será tratado no Capítulo 28.) Entretanto, as bibliotecas continuam organizando suas coleções com base no princípio de oferecer ao usuário a informação mais relevante e confiável.

O conjunto de ações descritas – catalogação, classificação, notação de autor e indexação – juntamente com outras operações, como a produção da etiqueta, a preparação do livro para empréstimo, o tombamento ou registro, a carimbagem, fazem parte do que se chama na Biblioteconomia de *processamento técnico*.

O processamento técnico constitui um serviço meio, que atualmente é automatizado em muitas bibliotecas, utilizando-se *softwares* de gestão que facilitam e agilizam os processos, já que os instrumentos para a execução dos procedimentos estão embutidos no sistema.

O bibliotecário costuma ser criticado por dar muita importância ao processamento técnico, detendo-se em detalhes aparentemente desnecessários, atrasando a chegada do livro à estante e sua disponibilização para o leitor. Atualmente, com os recursos tecnológicos não há mais motivos para essa crítica, porque a tecnologia, além de facilitar e agilizar os procedimentos, garante a qualidade do processo.

Na biblioteca escolar, esses processos costumam ser considerados desnecessários, parecem rígidos, difíceis de serem entendidos pelos usuários. Entretanto, como em qualquer biblioteca, na biblioteca escolar os materiais precisam ser identificados para o uso eficaz, então o processamento técnico se torna indispensável. A professora Ivete Pieruccini descreve como buscou transformar a linguagem documentária[21] no que chama de linguagem informacional (Pieruccini, 2004). Ela não renunciou a usar uma linguagem formal na biblioteca que organizou, mas como que "suavizou" essa linguagem, para que ela fosse mais acessível aos alunos, por exemplo, usando cores para identificar as classes de assunto gerais. Isso não quer dizer que ela usou cores para fazer a classificação dos livros: usou apenas para dar mais visibilidade a classes gerais.

Alguns autores têm proposto uma "classificação por cores", mas isso não condiz com os princípios biblioteconômicos, pois uma cor não dá conta de estabelecer a

---

[21] "Linguagem documentária" é o termo utilizado para designar a linguagem utilizada em sistemas de informação, como a biblioteca. É gerada a partir de instrumentos usados no tratamento técnico do material, caracterizando-se como linguagem construída ou artificial, diferente da linguagem natural.

especificidade do assunto de um material, que é o objetivo da classificação. Assim, o uso de cores não substitui a classificação; pode ser usado como complementação, para facilitar localização de assuntos gerais no espaço da biblioteca.

A movimentação da coleção foi outro recurso usado por Ivete Pieruccini para suavizar a linguagem documentária. Nesse caso, o armazenamento dos materiais sofreu modificações, por exemplo, livros infantis foram colocados com as capas para a frente, a fim de que esse elemento, importante em livros para crianças, pudesse ser bem visualizado. Separar periodicamente partes da coleção, com intuito de chamar atenção para assuntos que estão sendo discutidos naquele momento, foi outra prática que ampliou o acesso aos materiais, para além da linguagem documentária.

Ivete Pieruccini reforçou a necessidade de desenvolver com os alunos habilidades para o uso da linguagem documentária, questão que é tratada nos seis primeiros capítulos deste livro como competência informacional. A familiaridade com a linguagem documentária se justifica por ser uma linguagem universal, encontrada em bibliotecas públicas, universitárias, e outras que o aluno possivelmente utilizará.

Concluindo, não se pode renunciar à organização formal da coleção da biblioteca, entendendo esse processo como o recurso que garante o acesso adequado aos conteúdos ali reunidos.

Ao longo dos capítulos deste livro, a tecnologia esteve presente de forma episódica, relacionada ao tema tratado em cada capítulo. Sendo um aspecto fortemente ligado ao universo informacional em geral e especificamente à biblioteca, julgamos necessário aprofundar a questão, que será objeto dos dois próximos capítulos.

Referências

Figueiredo, Nice M. de. A modernidade das cinco leis de Ranganathan. *Ciência da Informação*, v. 21, n. 3, p. 186-191, 1992. Disponível em: https://revista.ibict.br/ciinf/article/view/430. Acesso em: 1 abr. 2024.

Martins, Agnaldo L. Potenciais aplicações da Inteligência Artificial na Ciência da Informação. *Informação & Informação*, v. 15, n. 1, p. 1-16, 2010. Disponível em: https://ojs.uel.br/revistas/uel/index.php/informacao/article/view/3882. Acesso em: 1 abr. 2024.

Pedrão, Gabriela, *Fala, bibliotecária*: tabelas Cutter e PHA. [s. l.], 12 jul. 2016. 1 vídeo (9 min). Publicado por É o último, juro! Por Gabriela Pedrão. Disponível em: https://www.youtube.com/watch?v=R-6XLfjibUY. Acesso em: 1 abr. 2024.

Pieruccini, Ivete. *A ordem informacional dialógica: estudo sobre a busca de informação em educação*. 2004. Tese (Doutorado em Ciência da Informação e Documentação) – Escola de Comunicações e Artes, Universidade de São Paulo, São Paulo, 2004. Disponível em: https://teses.usp.br/teses/disponiveis/27/27143/tde-14032005-144512/publico/Bancotesesusp.pdf. Acesso em: 30 mar. 2024.

Santos, Marcelo Nair dos. *O número de chamada*: endereço dos recursos bibliográficos. Vitória: Ufes; Departamento de Biblioteconomia, 2011. Disponível em: https://biblioteconomia.ufes.br/sites/biblioteconomia.ufes.br/files/field/anexo/2_1_0_NoChamada.pdf. Acesso em: 1 abr. 2024.

Capítulo 27
Tecnologia na biblioteca escolar: 1ª parte

A questão da tecnologia aplicada à biblioteca constitui um tema amplo, que envolve inúmeras variáveis e pode ser tratado de diversas perspectivas e abordagens. Nestes dois próximos capítulos, gostaria de mostrar algumas tendências e possibilidades da aplicação da tecnologia na biblioteca escolar.

A tecnologia teve um enorme impacto no universo biblioteconômico, inicialmente no âmbito das bibliotecas especializadas e universitárias, e penso que os bibliotecários foram pegos de surpresa. Pode-se dizer que foram "atropelados" pela tecnologia.

Desde a década de 1960, quando surgiu a primeira fonte de informação eletrônica, os bibliotecários tiveram que aprender a usá-las e a trabalhar com novos processos que surgiam na informática. Foi uma época efervescente. O primeiro desafio foi a aplicação da tecnologia nos processos de organização da coleção. O projeto pioneiro de automação de bibliotecas no Brasil foi o Taubip,[22]

---

[22] Total Automação de Bibliotecas Públicas (Taubip), desenvolvido pela Divisão de Biblioteca e Documentação, da Secretaria de

que até hoje é usado em bibliotecas do município de São Bernardo do Campo, em São Paulo, onde foi criado. Os bibliotecários do país fizeram um grande esforço para aprender e incorporar as novas técnicas e hoje podemos dizer que praticamente todas as bibliotecas universitárias e especializadas estão com seus acervos organizados por computador.

As bibliotecas escolares infelizmente ficaram para trás. Não houve, nessa área, o vigor para sustentar a implantação de processos de automatização das bibliotecas nas escolas.

No que diz respeito a questões pedagógicas, a implantação dos laboratórios de informática[23] nas escolas poderia ensejar um trabalho integrado com a biblioteca, propiciando o desenvolvimento das competências de buscar e usar informações virtuais. Metodologias ativas de aprendizagem, como a prática da pesquisa escolar, dariam oportunidade para integrar a biblioteca, o laboratório de informática e a sala de aula – que, embora exerçam papéis distintos – poderiam se unir em torno de um objetivo comum, que é a formação integral do aluno (Neunzig, 2004).

Entretanto, não houve, por parte da gestão das escolas e dos bibliotecários (ou responsáveis pela biblioteca), ações positivas nesse sentido.

Educação, Cultura e Esportes de São Bernardo do Campo, São Paulo (Leite *et al*, 1980).

[23] No final de 2022, 46,1 mil escolas do país (33,2%) não possuíam laboratórios de informática. No Estado do Acre, esse percentual chega a 90,9%, no Maranhão a 89,6% e no Pará a 86,1% (Disponível em: https://www.nic.br/noticia/na-midia/em-2022-brasil-registrou-9-5-mil-escolas-sem-acesso-a-internet-1a/. Acesso em: 7 maio 2024).

A partir de 2018, os laboratórios de informática não são mais mencionados nos documentos dos censos educacionais do Instituto Nacional de Estudos e Pesquisas Educacionais Anísio Teixeira (Inep), que passam a apresentar dados apenas sobre recursos tecnológicos, nas seguintes categorias: internet, internet banda larga, internet para alunos, internet para uso administrativo, internet para ensino aprendizagem, lousa digital, projetor multimidia, computador de mesa para alunos, computador portátil para alunos, *tablet* para alunos (Brasil, 2023a, p. 56).

A pandemia de covid-19 reforçou a relevância das competências digitais e expôs a precariedade do acesso à internet e às ferramentas tecnológicas, principalmente nas escolas públicas. Isso provavelmente levou à aprovação da Política Nacional de Educação Digital, instituída pela Lei n.º 14.533 de 11 de janeiro de 2023 (Brasil, 2023b), que visa promover a articulação das diversas ações relacionadas ao acesso a recursos, ferramentas e práticas digitais, com prioridade para as populações mais vulneráveis. A Lei n.º 14.533 tenta garantir a melhoria da conectividade à internet em alta velocidade e das ferramentas e recursos digitais que fortaleçam a aprendizagem A ideia do laboratório de informática fica implícita quando a Lei menciona a criação de "espaços coletivos de mútuo desenvolvimento" (Brasil, 2023b). Seriam espaços diferentes, já que o telefone celular é atualmente o principal dispositivo de acesso à internet por crianças e adolescentes, conforme pesquisa realizada em 2022 (Pesquisa, 2022, p. 25), tornando o acesso mais individualizado e conferindo ao antigo laboratório de informática uma feição peculiar.

Percebe-se que há esforço dos gestores/diretores para dotar as escolas de recursos tecnológicos. Portanto, a biblioteca precisa estar na linha de frente, apoiando as aplicações pedagógicas da tecnologia. Mais do que nunca, a base teórica é necessária para que o bibliotecário reforce o papel da biblioteca como espaço de aprendizagem, e possa conduzir projetos eficazes que envolvam tecnologia. Além disso, é importante esclarecer para os gestores o potencial da tecnologia para o trabalho da biblioteca, não só nos aspectos de gestão e organização do acervo, mas também, e principalmente, no que diz respeito à aprendizagem, tema que será tratado no Capítulo 28.

No capítulo anterior, falamos sobre a organização da coleção e sobre o processamento técnico dos materiais, mostrando que são serviços meio, ou seja, serviços que possibilitam o oferecimento dos serviços fim que envolvem diretamente os usuários. Gostaria de chamar atenção para um primeiro impacto que tenho observado na aplicação da tecnologia nos dois tipos de serviço: de certa forma, ela agrega serviços meio e serviços fim; não há separação tão radical como se via antigamente.

A implantação, por exemplo, de um sistema de automatização dos registros da coleção e de processos gerenciais rotineiros tem um impacto imediato. Por exemplo, a comunidade escolar tem acesso aos registros da coleção 24 horas por dia, os pais podem ter conhecimento da coleção com mais facilidade. Com os processos automatizados, fica mais fácil incluir mídias digitais, multimídias, entre outros, ampliando a coleção. O usuário tem acesso a serviços, como reserva de livros, controle do que pegou emprestado e, se a biblioteca estiver interligada em rede com outras bibliotecas, tem acesso remoto a coleções de diversas bibliotecas.

A tecnologia possibilitou mais controle, agilidade e economia de tempo no que diz respeito aos processos gerenciais. A geração de relatórios, com o detalhamento de dados que a tecnologia possibilita, ajuda no planejamento da biblioteca. Os aspectos que mencionei anteriormente constituem o que chamo de nível básico de automação, quando a tecnologia é aplicada a processos gerenciais e a serviços rotineiros da biblioteca.

Um segundo nível é atingido quando a tecnologia tem impacto na aprendizagem. Já vimos, no Capítulo 26, que a porcentagem de crianças e jovens que usam a internet é alta, e está aumentando continuamente, embora os dados revelem as desigualdades já conhecidas (Pesquisa, 2023, p. 62).

Nas escolas, a situação é diversificada: enquanto na maioria das escolas públicas, os gestores estão preocupados com equipamentos, lutando para conseguir melhores condições físicas para o uso de tecnologia, as escolas particulares já investem em tecnologia para inovar metodologias de aprendizagem. Essa situação vai ter influência na gestão da biblioteca e o bibliotecário tem que estar preparado para atuar nesses dois cenários: em uma escola que está em um nível de automatização avançado, inclusive na biblioteca, e já integra a tecnologia na aprendizagem, e, no outro extremo, uma biblioteca que tem apenas um computador, que está sempre quebrado. São dois extremos, e há nuances entre eles. Há diversificação também entre os usuários, ou seja, o uso da tecnologia pode ser diferente dentro de uma mesma turma de alunos: há aqueles com letramento digital avançado e outros que não têm acesso a um computador.

Sintetizando, podemos dizer que a tecnologia é atualmente um componente imprescindível na biblioteca, a começar pelas aplicações nos processos gerenciais e técnicos. Agora, é preciso avançar para aplicações na aprendizagem. A Base Nacional Comum Curricular (BNCC) coloca como uma das competências gerais da educação a necessidade de o aluno

> Compreender, utilizar e criar tecnologias digitais de informação e comunicação de forma crítica, significativa, reflexiva e ética nas diversas práticas sociais (incluindo as escolares) para se comunicar, acessar e disseminar informações, produzir conhecimentos, resolver problemas e exercer protagonismo e autoria na vida pessoal e coletiva (Brasil, 2018, p. 9).

Esse é apenas um exemplo: há muitos outros, que demonstram que a BNCC enfatiza competências ligadas a tecnologia, que é considerada instrumento que deve ser usado crítica e eticamente, dando sentido às práticas sociais.

Neste capítulo, procurei apresentar argumentos para sustentar a necessidade de que a biblioteca esteja presente no ambiente tecnológico da escola, introduzindo aplicações específicas, no que diz respeito aos processos de gestão e organização da coleção, e avançando no apoio às aplicações na aprendizagem.

No capítulo a seguir, tratarei com mais detalhes de tendências e fatores que influenciarão a biblioteca em seu trabalho de contribuir para as aprendizagens que utilizam a tecnologia.

Referências

Brasil. Instituto Nacional de Estudos e Pesquisas Educacionais Anísio Teixeira. *Censo Escolar da Educação Básica 2022*: Resumo Técnico. Brasília, 2023a. Disponível em: https://download.inep.gov.br/publicacoes/institucionais/estatisticas_e_indicadores/resumo_tecnico_censo_escolar_2022.pdf. Acesso em: 1 abr. 2024.

Brasil. Lei n.º 14.533, de 11 de janeiro de 2023. Institui a Política Nacional de Educação Digital e altera as Leis n.º 9.394, de 20 de dezembro de 1996 (Lei de Diretrizes e Bases da Educação Nacional), 9.448, de 14 de março de 1997, 10.260, de 12 de julho de 2001, e 10.753, de 30 de outubro de 2003. Brasília, 2023. Disponível em: https://www.planalto.gov.br/ccivil_03/_ato2023-2026/2023/lei/l14533.htm. Acesso em: 1 abr. 2024.

Brasil. Ministério da Educação. *Base Nacional Comum Curricular*. Brasília: Secretaria de Educação Básica, 2018. Disponível em: http://basenacionalcomum.mec.gov.br/abase/. Acesso em: 1 abr. 2024.

Leite, Maria de Lourdes et al. Sistema Taubip – Total Automação de Bibliotecas Públicas. *R. Bibliotecon*. Brasília, v. 8, n. 2, p. 174-208, jul./dez. 1980. Disponível em: file:///C:/Users/Bernadete/Downloads/admin,+8.Leite.pdf. Acesso em: 4 maio 2024.

Neunzig, Vanessa L. *A pesquisa escolar como elemento integrador dos recursos de biblioteca, Internet e sala de aula para a construção do conhecimento*. 2004. Dissertação (Mestrado em Engenharia de Produção) – Programa de Pós-Graduação em Engenharia da Produção, Universidade Federal de Santa Catarina, Florianópolis, 2004. Disponível em: https://repositorio.ufsc.br/handle/123456789/87495. Acesso em: 1 abr. 2024.

Pesquisa sobre o uso da Internet por crianças e adolescentes no Brasil: TIC Kids Online Brasil 2022. São Paulo: *NIC.br; Cetic.br; CGI.br*, 2023. Disponível em: https://cetic.br/media/docs/publicacoes/1/20230825142135/tic_kids_online_2022_livro_eletronico.pdf. Acesso em: 1 abr. 2024.

Capítulo 28
Tecnologia na biblioteca escolar: 2ª parte

No capítulo anterior, tratei da tecnologia na biblioteca, abordando principalmente aplicações ligadas a organização do acervo e a processos de gestão, o que chamo de primeiro nível de aplicação da tecnologia. E mostrei que, nesse nível, já há impacto no oferecimento dos serviços fim da biblioteca.

Neste capítulo, trato do segundo nível, que diz respeito ao uso da tecnologia nas práticas pedagógicas e influenciam a aprendizagem. Nesse sentido, o bibliotecário e a equipe da biblioteca desenvolveriam atividades de letramento informacional, que passaria a ser um letramento digital, preparando os alunos para usar a tecnologia com responsabilidade e de maneira crítica.

Nesse nível, as aplicações da tecnologia envolvem aspectos subjetivos, exigindo, por exemplo, que se conheça, não só os aspectos técnicos, mas especialmente o comportamento dos usuários com relação à tecnologia.

Começando pelos professores, algumas pesquisas mostram que eles têm tido dificuldade em usar tecnologias na sala de aula. Uma pesquisa feita pela professora Miriam Penteado mostrou que o uso da tecnologia provocava um distúrbio na zona de conforto dos professores, que tinham dificuldade em passar para o que ela denomina *zona de risco*, na qual há incerteza e falta de controle, tornando a passagem difícil para os professores. O que ela recomendou, nesse caso, foi um diálogo que levasse a parcerias, tornando o processo coletivo, possibilitando o compartilhamento de problemas e possíveis soluções (Penteado, 2001).

Outro aspecto, relacionado ao professor, é a questão da metodologia, da estratégia de ensino. Alguns estudiosos acham que, antes de introduzir tecnologias na sala de aula, é preciso mudar os métodos, é preciso diminuir o uso de metodologias convencionais, baseadas principalmente na aula expositiva, assim como usar metodologias baseadas na pesquisa, conforme já visto nos capítulos 4, 5 e 6. O problema é que as atividades escolares continuam sendo propostas da mesma maneira como o eram antes da internet, e a cultura escolar deixa de se relacionar com parte importante da cultura dos alunos (Albach, 2014).

Isso aponta para a possibilidade de protagonismo do bibliotecário, desenvolvendo atividades em parceria, trabalhando em colaboração com os professores, apoiando-se mutuamente e deixando claro o papel da biblioteca como espaço de aprendizagem.

Com relação aos alunos, já falamos sobre o aumento constante do uso da internet por crianças e jovens. O acesso tem sido feito cada vez mais pelo telefone celular, criando o que alguns pesquisadores estão chamando *cultura do quarto*,[24] na qual eles usam a tecnologia de forma intensa,

---

[24] Embora não tratando do uso de tecnologia, o artigo "Nascer em berço de ouro: o quarto infantil como instância socializatória", ajuda a entender a materialidade e os sentidos conferidos por

às vezes sem supervisão. Esse e outros problemas no uso das tecnologias precisam ser conhecidos e acompanhados por qualquer educador. Nesse sentido, o estudo do Cetic.br (feito com usuários de 9 a 17 anos) pode ajudar, pois aborda questões de segurança, por exemplo, que preocupam pais e professores (Pesquisa, 2022).

No que diz respeito a habilidades informacionais, o estudo confirmou alguns fatos já conhecidos: 77% dos jovens disseram que sabiam "escolher que palavras usar para encontrar algo na Internet"; 62% afirmaram saber "checar se um site era confiável" e 57% sabiam "verificar se uma informação encontrada na rede estava correta" (Pesquisa, 2022, p. 26). Entretanto, trata-se apenas da percepção dos entrevistados.

Outros estudos mostraram que eles não são pesquisadores competentes fazendo buscas de forma primária, usando a primeira referência que aparece quando pesquisam pelo Google (Campello *et al.*, 2000; Campello, 2002). O uso que fazem dos recursos da rede é apenas instrumental e depende dos conhecimentos intuitivos que já possuem, os quais não são adquiridos na escola (Albach, 2014).

É importante lembrar que a desigualdade digital é fato conhecido, e que o descompasso existe entre classes sociais, entre regiões, entre tipos de escola, tanto com relação a acesso a recursos tecnológicos quanto a competência no uso da tecnologia. Em quaisquer circunstâncias, é necessário desenvolver ações que estimulem os professores a usarem metodologias baseadas na pesquisa, e, por outro

---

pais e crianças (de 3 a 11 anos) a esse cômodo, e conclui que é "um espaço altamente permeável a instâncias como as mídias e a escola" (Carvalho; Nogueira, 2020, p. 16).

lado, criar programas de ensino de habilidades informacionais para o uso competente dos recursos da internet.

A integração da tecnologia na aprendizagem é sustentada por recomendações da BNCC que (como já vimos no Capítulo 27), no âmbito das competências gerais da educação básica, propõe que os alunos aprendam a usar a internet e as tecnologias em geral, para se comunicar, para produzir conhecimento, para serem protagonistas de seus próprios atos, de forma criteriosa, crítica, responsável e ética.

Portanto, a ênfase que a BNCC coloca no uso da tecnologia constitui a base para que bibliotecários invistam em projetos de letramento informacional e digital nas bibliotecas das escolas.

Quando há compreensão da importância da tecnologia e apoio a projetos de desenvolvimento de competências digitais por parte da direção da escola, é a situação ideal. Mas, independentemente do apoio da direção, o bibliotecário pode tomar iniciativas e começar a realizar atividades com recursos básicos, como usar a Wikipédia para ensinar credibilidade das fontes, ensinar a fazer referências bibliográficas usando um *software* gratuito,[25] entre outras.

Os *chatbots* constituem recursos que terão de ser integrados às práticas pedagógicas. Passado o temor de que estimulariam o "copia e cola"[26] e que substituiriam o exercício do pensar, é o momento de desenvolver projetos para

---

[25] Por exemplo, o Mecanismo Online para Referências (More) (Disponível em: https://more.ufsc.br/suporte/informacoes. Acesso em: 1 abr. 2024).

[26] Lembrar que o "copia e cola" tem sido uma prática comum nos trabalhos escolares há muito tempo.

ensinar o uso crítico e ético dessas ferramentas (Capobianco, 2023). Inicialmente, é preciso entender que conceitos terão de ser revistos e que esse pode ser o momento de investir em modelos menos rígidos de ensino. O conhecimento do bibliotecário seria útil no planejamento de programas para ensino de habilidades de uso de *chatbots*, considerando, por exemplo, sua capacidade de elaborar estratégias de busca adequadas, ensinando que uma boa resposta da máquina só é possível quando a pergunta é bem-feita.

Sabe-se que crianças e jovens gostam de usar recursos tecnológicos; pesquisadores da Universidade de Syracuse, nos Estados Unidos (Arnone; Reynolds; Marshall, 2009), descobriram que, quando o bibliotecário demonstra domínio da tecnologia, os alunos ficam mais motivados para usar a biblioteca e isso pode ser um estímulo para que os bibliotecários enfrentem o desafio de contribuir para a integração da tecnologia na escola.

A pressão para o oferecimento de atividades online durante a pandemia de covid-19 pegou os educadores de surpresa, impactando principalmente os aspectos formais da escola, isto é, o cumprimento do ano letivo. No que diz respeito às atividades oferecidas pelas bibliotecas escolares no período, pode-se supor que, devido à carência de recursos tecnológicos, em geral elas não tiveram protagonismo destacado. Há exceções: o relato apresentado em 2022 por bibliotecários da Rede de Bibliotecas Escolares do Município de Vitória, no Espírito Santo, constitui um trabalho exemplar. Apoiados por ações dos governantes, que investiram em ferramentas tecnológicas adequadas, os bibliotecários da rede se organizaram em equipes, montaram quatro "Eixos de Ação", privilegiando as competências específicas de cada profissional. A partir daí, mantiveram serviços de atendimento aos alunos (contação de histórias, gincanas e entrevistas), fornecimento de informações (publicações, reportagens, vídeos e podcasts para os professores), continuidade no trabalho de processamento técnico do acervo e apoio tecnológico para os que apresentavam dificuldades no uso das ferramentas.

Dois aspectos se destacam na ação desses bibliotecários. Primeiramente, a relevância da colaboração. Segundo os autores do relato "O trabalho coletivo e colaborativo se destacou como o ponto-chave no processo de reestruturação dos serviços das bibliotecas escolares. O foco era diminuir as dificuldades com a troca de experiências e potencializar as habilidades pessoais de cada profissional" (Gonçalves *et al.*, 2022, p. 5). Depois, o engajamento dos bibliotecários, obrigados a sair da zona de conforto, conseguiu superar barreiras relacionadas ao uso da tecnologia. Confirma-se, portanto, a necessidade de apoio mútuo para enfrentar os desafios trazidos pelas aplicações tecnológicas, que, certamente, darão aos bibliotecários mais confiança para assumir papéis relevantes na escola.

Tenho observado que, nos países onde a Biblioteconomia escolar está mais adiantada, há grande investimento no conhecimento tecnológico dos bibliotecários. Cursos de formação de bibliotecários investem pesadamente em disciplinas na área de tecnologia, porque acreditam que o bibliotecário precisa ter liderança na aplicação de tecnologia na escola. Concordo que o bibliotecário no Brasil precisa ter protagonismo nessa questão; ele pode contribuir, tendo em vista sua formação, que inclui conhecimentos de aplicações tecnológicas, principalmente no que diz respeito aos aspectos de gestão e organização da coleção e ao uso de fontes de informação.

Entretanto, parece que a implantação de tecnologia também ameaça a zona de conforto do bibliotecário, assim como ocorre com os professores, conforme mostrou a pesquisa acima mencionada (Penteado, 2001). O bibliotecário terá que se mover para a zona de incerteza e risco, buscando interlocutores, identificando na escola professores que tenham "simpatia" pela tecnologia, e dialogando com colegas de outras escolas que passam pelas mesmas situações e desafios. Criar grupos de estudo é uma estratégia que pode ajudar a consolidar os diálogos.

A contribuição da biblioteca no letramento digital precisa ficar clara, porque toda a comunidade escolar deve se unir para fazer a tecnologia ter sentido. Não é usá-la como fim, mas como um meio para ajudar os estudantes a apreciarem a riqueza dos recursos informacionais disponíveis da internet, e não apenas para cumprir uma tarefa escolar.

O documento *Aprender com a biblioteca escolar* (Portugal, 2017), elaborado pela Rede de Bibliotecas Escolares de Portugal, tem sugestões de atividades práticas que a biblioteca pode desenvolver com os alunos, abordando o uso das novas mídias, o desenvolvimento de comportamento ético e crítico para usar a internet em todo o seu potencial. O próximo capítulo será a síntese dessas questões levantadas ao longo do livro, complementando ideias e reforçando a importância do embasamento teórico do trabalho na biblioteca.

Referências

Albach, Juliana S. Os usos que os jovens fazem da internet: relações com a escola. *Revista Eletrônica de Educação*, v. 8, n. 2, p. 138-159, 2014. Disponível em: https://www.reveduc.ufscar.br/index.php/reveduc/article/view/739. Acesso em 1 abr. 2024.

Arnone, Martin P.; Reynolds, Rebecca; Marshall, Todd. The Effect of Early Adolescents' Psychological Needs Satisfaction Upon Their Perceived Competence in Information Skills and Intrinsic Motivation for Research. *School Libraries Worldwide*, v. 15, n. 2, p. 115-134, 2009. Disponível em: https://www.researchgate.net/publication/228313285_The_Effect_of_Early_Adolescents'_Psychological_Needs_Satisfaction_Upon_Their_Perceived_Competence_in_Information_Skills_and_Intrinsic_Motivation_for_Research. Acesso em: 1 abr. 2024.

Campello, Bernadete. Como o estudante constrói significados da biblioteca escolar. *In*: Campello, Bernadete. *Biblioteca escolar*: conhecimentos que sustentam a prática. Belo Horizonte: Autêntica, 2012. p. 35-55.

Campello, Bernadete *et al*. A internet na pesquisa escolar: um panorama do uso da web por alunos do ensino fundamental. *In*: Congresso Brasileiro de Biblioteconomia e Documentação, 19., 2000, Porto Alegre. *Anais...* Porto Alegre: ABR, 2000. Disponível em: http://gebe.eci.ufmg.br/downloads/T029.pdf. Acesso em: 1 abr. 2024.

Capobianco, Marcela. Inteligência artificial, colégio real: tecnologia nas salas de aula no Rio. *Veja Rio*, 15 set. 2023. Disponível em: https://vejario.abril.com.br/cidade/inteligencia-artificial-colegio-educacao-tecnologia-criatividade-rio. Acesso em: 1 abr. 2024.

Carvalho, Cibele Noronha de; Nogueira, Maria Alice. "Nascer em berço de ouro": o quarto infantil como instância socializatória. *Educação & Sociedade*, v. 41, p. 1-19, 2020. Disponível em: https://www.academia.edu/43789956/_NASCER_EM_BER%C3%87O_DE_OURO_O_QUARTO_INFANTIL_COMO_INST%C3%82NCIA_SOCIALIZAT%C3%93RIA. Acesso em: abr. 2024.

Gonçalves, Andrea Carla *et al*. A mediação da informação e o uso de ferramentas digitais pelo bibliotecário escolar: um relato de experiência da Rede de Bibliotecas Escolares do Município de Vitória-ES no período pandêmico. *In*: Congresso Brasileiro de Biblioteconomia e Documentação, 29., 2022. *Anais...* São Paulo: Febab, 2022. Disponível em: https://portal.febab.org.br/cbbd2022/article/view/2621. Acesso em: 1 abr. 2024.

Penteado, Miriam Godoy. Computer-Based Learning Environments: Risks and Uncertainties for Teachers. *Ways of Knowing Journal*, v. 1, n. 2, Autumn, p. 23-35, 2001.

Pesquisa sobre o uso da Internet por crianças e adolescentes no Brasil: TIC Kids Online Brasil 2022. São Paulo: *NIC.br; Cetic.br, CGI. br*, 2023. Disponível em: https://cetic.br/media/docs/publicacoes/1/20230825142135/tic_kids_online_2022_livro_eletronico.pdf. Acesso em: 1 abr. 2024.

Portugal. Rede de Bibliotecas Escolares. *Aprender com a biblioteca escolar*: referencial de aprendizagens associadas ao trabalho das bibliotecas escolares na Educação Pré-escolar e nos ensinos básico e secundário. 2. ed. rev. e aumen. Lisboa, 2017. Disponível em: https://www.rbe.mec.pt/np4/%7B$clientServletPath%7D/?newsId=99&fileName=referencial_2017.pdf. Acesso em: 25 mar. 2024.

Capítulo 29
Por uma concepção de biblioteca escolar

Neste capítulo, faço uma síntese, complementando algumas ideias e reforçando temas que foram tratados ao longo da obra. Na primeira parte deste livro, abordei a ideia da biblioteca como espaço de aprendizagem, que exerce papel educativo, e as possibilidades de integrar as atividades pedagógicas da biblioteca ao currículo da escola. Na segunda parte, foram tratados aspectos da gestão da biblioteca. Essa divisão foi feita apenas como recurso didático, pois os dois aspectos são intrinsecamente ligados.

Enfatizei intencionalmente a ideia da biblioteca escolar como espaço de aprendizagem, porque considero fundamental, para a prática biblioteconômica, a existência de uma concepção de biblioteca, uma referência teórica da biblioteca. É uma abstração que ajudará a dar sentido à prática e a aperfeiçoá-la, revelando o *porquê* se faz aquilo e não apenas *o que* e *como se faz*.

Em depoimentos colhidos para a minha tese de doutorado (Campello, 2009), a maioria dos bibliotecários entrevistados discorreram com fluência sobre atividades que realizavam com os alunos, explicando com riqueza de detalhes o que faziam e como faziam. Entretanto, questionados sobre o porquê, as respostas eram evasivas: eles não tinham noção clara do que ensinavam. Considero que lhes faltava uma concepção teórica de biblioteca, uma ideia que embasasse suas ações educativas.

"Quanto mais profundo é o nosso entendimento, melhores são as nossas decisões e melhores as nossas práticas"[27] (Lankes, 2011, p. 3, tradução nossa). Esse entendimento profundo, como mencionado pelo professor David Lankes, significa a teoria que embasa as práticas e que permite seu aperfeiçoamento; que possibilita refletir sobre a prática e avaliar o resultado obtido.

Possuindo uma concepção da biblioteca, o bibliotecário possui uma ferramenta de gestão. Pode parecer estranho, mas a ideia da biblioteca como espaço de aprendizagem poderá não só embasar as práticas pedagógicas na biblioteca escolar, mas também fornecer argumentos para melhorar a biblioteca e aperfeiçoar seus serviços. É nítido o esforço que o bibliotecário despende para convencer os gestores escolares a investir na biblioteca, pois ele tem que apresentar bons argumentos para demonstrar o valor da biblioteca. A concepção teórica, a ideia de que a biblioteca é um espaço onde os alunos aprendem, vai sustentar essa argumentação. Por exemplo, quando o bibliotecário quer ampliar o horário de funcionamento da biblioteca, abrindo durante o intervalo, ele pode argumentar, mostrando ao diretor que essa decisão ampliará as possibilidades de leitura dos alunos, ou criar mais oportunidades para a biblioteca manter programas de ensino de habilidades

---

[27] No original em inglês, "[...] the deeper our understanding, the better our decisions and the better our practice" (Lankes, 2011, p. 3).

informacionais. O argumento é então sustentado com base na ideia da biblioteca como um espaço de aprendizagem.

Outro exemplo: a compra de mesas para estudos em grupo pode ter como argumento a concepção de aprendizagem colaborativa que ocorre na biblioteca, sendo a maneira que os alunos aprendem hoje: conversando, trocando ideias, ajudando-se mutuamente. Assim, o diálogo com o gestor é facilitado, porque ele entende que a biblioteca está afinada com os objetivos da escola.

A existência de uma concepção teórica para a biblioteca ajuda a "manter o curso", a conservar a coerência das práticas. Ao discorrer sobre as diferentes dimensões da biblioteca escolar, no Capítulo 15, mostrei que ela pode ter diversos significados, dependendo de como as pessoas que a frequentam experimentam aquele espaço. Alguns alunos diziam que a biblioteca era um ótimo espaço para dormir, ou para conversar. Sonecas e bate-papos informais podem acontecer na biblioteca, mas não constituir rotinas que desviem o foco do trabalho da equipe. Se há uma concepção teórica embasando as práticas da biblioteca como espaço de aprendizagem, o curso é mantido, priorizando atividades que contribuam para a aprendizagem dos alunos.

A concepção teórica subjacente ao trabalho da biblioteca pode salientar sua identidade. É comum dizer que a comunidade escolar não entende com clareza o papel da biblioteca na escola: muitos a veem como lugar de guardar livros ou de contação de histórias. Mas, se as práticas da biblioteca se harmonizam com a ideia de um espaço de aprendizagem, sua identidade fica mais nítida. A identidade do bibliotecário também se fortalece quando ele sustenta sua prática com a teoria, revelando com mais clareza seu papel pedagógico.

A concepção que sustentou esse livro foi a biblioteca como espaço de aprendizagem e busquei responder à pergunta: o que ensinamos na biblioteca? Tratei das habilidades informacionais, mostrando que a biblioteca é espaço privilegiado para os alunos desenvolverem essas competências (Capítulos 1 a 6), quando o bibliotecário trabalha em conjunto com os professores, que são estimulados a usar metodologias que privilegiam a pesquisa, a aprendizagem com autonomia e orientação adequada. Vejo o bibliotecário assumindo a responsabilidade de contribuir para formar o aluno com perfil de pesquisador, conforme recomenda a BNCC. A Biblioteconomia e a Ciência da Informação contam atualmente com estudos, voltados especialmente para entender como as pessoas aprendem usando informação. Tais pesquisas sustentam essa ação pedagógica do bibliotecário.

Estudos sobre motivação, por exemplo, ajudam a definir a posição da biblioteca no que diz respeito à leitura na escola, apresentando evidências que reforçam sua responsabilidade em fazer os alunos se envolverem com a leitura e gostarem de ler. Portanto, as descobertas e teorias sobre motivação para ler irão sustentar projetos e atividades de leitura na biblioteca, que se volta para a *formação do leitor*, e não apenas para a promoção da leitura, com atividades de animação, como visto no Capítulo 11.

O pesquisador David Lankes argumenta a favor de uma Biblioteconomia não focada apenas no acesso à informação ou nos artefatos, ou materiais da biblioteca. Ele defende uma Biblioteconomia focada na aprendizagem (Lankes, 2011).[28]

---

[28] Lankes usa como base para as suas ideias a teoria da conversação, desenvolvida na década 1970 pelo pesquisador britânico

No Brasil, pesquisadores afinados com a ideia da biblioteca como espaço de aprendizagem são Edmir Perrotti e Ivete Pieruccini, do Departamento de Informação e Cultura da Escola de Comunicação e Artes da Universidade de São Paulo (ECA-USP). Desenvolveram a ideia da Infoeducação, que vê a biblioteca como um espaço de aprender (Perrotti, 2016). Embora o trabalho de Ivete Pieruccini tenha sido citado principalmente no Capítulo 19 deste livro, sobre espaço físico da biblioteca, ele faz o diálogo entre uma concepção teórica do tema e a realidade de uma biblioteca que a autora criou. É interessante que cada bibliotecário encontre autores e ideias que deem robustez e inspirem suas práticas.

Desde o início de minha carreira, fui influenciada pelas ideias do bibliotecário norte-americano Jesse Shera, um grande pensador da Biblioteconomia, que desde a década 1950 já falava da biblioteca como um lugar de aprender. Nessa época, a Biblioteconomia ainda não tinha um *status* de disciplina acadêmica, mas Shera já se preocupava em entender como as pessoas aprendiam e recomendava que a Biblioteconomia buscasse compreender especificamente como as pessoas aprendiam na biblioteca, como as pessoas aprendiam usando informação (Shera, 1973). Foi o que Carol Kuhlthau fez: a partir da década de 1980, ela iniciou a série de pesquisas acadêmicas que buscou entender a maneira como as pessoas aprendem na biblioteca – conforme Shera havia sugerido na década de 1950 – e construiu o modelo ISP, que possibilitou o desenvolvimento de metodologias para ensinar habilidades informacionais e para

---

Gordon Pask, estudioso da área de cibernética que estava interessado em entender como as pessoas aprendem, buscando conhecimentos para projetos de inteligência artificial.

orientar a pesquisa escolar, conforme vimos no Capítulo 5 (Kuhlthau, 1998).

Com relação à tecnologia, busquei mostrar, especialmente nos Capítulos 27 e 28, que é preciso investir em dois níveis de aplicação. Num primeiro nível, na informatização dos processos de gestão e de organização da coleção. Essa é uma fase que bibliotecas universitárias e especializadas já ultrapassaram; infelizmente as bibliotecas escolares ficaram para trás. Ainda não se atingiu a informatização, principalmente nas escolas públicas. É um objetivo que deve ser perseguido, porque a informatização é um instrumento que possibilita o aperfeiçoamento das práticas.

Um segundo nível de aplicação da tecnologia a ser enfrentado é a questão da inserção na aprendizagem. É um processo espinhoso, que precisa ser feito em colaboração com os professores. O apoio mútuo, o compartilhamento de competências tem que ser buscado para construir projetos de letramento digital dos alunos. O bibliotecário tem que mobilizar suas competências tradicionais no uso de fontes de informação, nas técnicas de elaborar estratégias de busca, na organização e normalização de textos científicos e muitas outras. Há uma gama de novos recursos informacionais que devem ser conhecidos, como as mídias participativas e os novos gêneros literários, a fim de serem integrados às práticas pedagógicas da biblioteca. Portanto, a preocupação com o aperfeiçoamento profissional deve ser constante.

Normalmente, quando chega na escola, o bibliotecário se depara com uma situação singular: muitas vezes é o único profissional dessa categoria na escola, e sua função é praticamente desconhecida. Uma bibliotecária me contou que, quando chegou para assumir a biblioteca de uma escola, alguns professores lhe diziam; "Você tem que mostrar a que veio". Portanto, é necessário ao bibliotecário investir nesse processo, capturar as nuances da cultura escolar e construir práticas afinadas com os objetivos institucionais, que devem refletir nas aprendizagens dos alunos, mostrando com clareza sua função na escola.

Referências

Campello, Bernadete. *Letramento informacional no Brasil*: práticas educativas de bibliotecários em escolas de ensino básico. 2009. 208 f. Tese (Doutorado em Ciência da Informação) – Programa de PósGraduação em Ciência da Informação, Universidade Federal de Minas Gerais, Belo Horizonte, 2009. Disponível em: https://repositorio.ufmg.br/handle/1843/ECID-7UUPJY. Acesso em: 1 abr. 2024.

Kuhlthau, Carol. O papel da biblioteca escolar no processo de aprendizagem. *In*: Vianna, Márcia Milton; Campello, Bernadete; Moura, Victor Hugo Vieira. *Biblioteca escolar*: espaço de ação pedagógica. Belo Horizonte: EB-UFMG, 1999. p. 9-14. Seminário promovido pela Escola de Biblioteconomia da Universidade Federal de Minas Gerais e Associação dos Bibliotecários de Minas Gerais, 1998, Belo Horizonte. Disponível em: http://gebe.eci.ufmg.br/downloads/103.pdf. Acesso em: 1 abr. 2024.

Lankes, David. *The Atlas of New Librarianship*. The MIT Press, 2011. Disponível em: https://davidlankes.org/new-librarianship/the-atlas-of-new-librarianship-online/. Acesso em: 1 abr. 2024.

Perrotti, Edmir. Infoeducação: um passo além científico-profissional. *Informação@Profissões*, v. 5, n. 2, p. 5-31, 2016. Disponível em: https://brapci.inf.br/index.php/res/v/62985. Acesso em: 1 abr. 2024.

Pieruccini, Ivete. *A ordem informacional dialógica:* estudo sobre a busca de informação em educação. 2004. Tese (Doutorado em Ciência da Informação e Documentação) – Escola de Comunicações e Artes, Universidade de São Paulo, São Paulo, 2004. Disponível em: http://www.teses.usp.br/teses/disponiveis/27/27143/tde-14032005-144512/pt-br.php. Acesso em: 1 abr. 2024.

Prado, Jorge M. K. A biblioteconomia de David Lankes. *Encontros Bibli*: Revista Eletrônica de Biblioteconomia e Ciência da Informação, v. 22, n. 48, p. 100-102, 2017. Disponível em: https://brapci.inf.br/index.php/res/v/36045. Acesso em: 1 abr. 2024.

Shera, Jesse H. *Knowing Books and Men*: knowing computers, too. Littleton, CO: Libraries Unlimited, 1973. 363 p.

Este livro foi composto com tipografia Adobe Garamond Pro
e impresso em papel Off-White 80 g/m² na Formato Artes Gráficas.